だから御社は採用ができない!

株式会社ディーセントワーク 代表取締役

髙橋秀成

はじめに

「だから御社は採用ができない」

これが本著のタイトルです。

「人材会社にそんなことといわれたくない！」とムッとする方もいるのではないでしょうか。

私がこの本を出そうと決めたのは、そういう方々に気づいていただきたい事があるからです。

しかし、世の中には「気がつかない人」「気がつくけど変わらない人」「気がついて変わる人」の3種類がおります。本書では、前半から、労働市場・法律・採用の実態・成功例といった流れで記載があり、特に法律の部分では、退屈な内容と感じられる方も多いと思います。

ただ、気づく人は気づいていただけて最後までお読みになり、変わる人は変わるのでしょう。

「気がつかない」「変わらない」という人はきっと最後までお読みにならないか、お読みになった後に「偉そうにいってるが、大した事書いてないね」と吐き捨てられると思います。

でも本書でなにかに気がつく方々は、自分の会社を、ひいては自分自身や社会そのものを良くするきっかけをつかむ人間に、なられるのかもしれません。

本書は、売ることを目的としていません。

気がつかない人、変わらない人、
そういう方は、どうぞ途中で本を閉じていただいて構いません。
ページ数もさほど多くありません。
頑張れば立ち読みできるボリュームです。

本書のタイトルは、「終わりに」でもう一度登場します。
読みはじめた時と、読み終えた時に、このタイトルに対する感情が少しでも変わっていれば、私としては大変嬉しく思います。

第2章 最初に法律・労働法を理解しなさい

第3章 御社は「いい人」がわかっていないから、採用できない

第4章 あなたの会社は存在すべき会社なの？

第5章 採用は終わりではない。始まりだ

第1章

現在の労働市場は危機

「ディーセント・ワーク」が流行らない日本

世界で注目されている〝新しい働き方〟の概念

「ディーセント・ワーク（Decent Work）」という言葉を聞いたことがありますか？

ＳＤＧｓに詳しい方なら知っているかもしれません。ＳＤＧｓとは国連総会で採択された、２０３０年までに持続可能な世界を目指す開発目標のことです。17ある条文のうちの８つ目、「労働に関する目標」のなかで、「ディーセント・ワーク」は、次のように出てきます。

「すべての人々のための持続的、包摂的かつ持続可能な経済成長、生産的な完全雇用およびディーセント・ワークを推進する」

英語の〝Decent〟とは、「きちんとした」「適正な」という意味を持ちます。これに「働く」「仕事」という意味の“Work”がセットになった「ディーセント・ワーク」とは、日本語で「働きがいのある人間らしい仕事」と訳されています。

この言葉が初めて使われたのは、１９９９年のＩＬＯ（国際労働機関）総会でした。当時のチリのファン・ソマビア事務局長は、１９９０年代、世界の経済的な格差問題について、ディーセント・ワークという言葉を使い次のように話しました。

「働きがいのある人間らしい仕事（ディーセント・ワーク）とは、まず仕事があることが基本ですが、その仕事は、権利・社会保障・社会対話が確保されていて、自由と平等が保障され、働く人々の生活が安定する、すなわち人間としての尊厳を保てる生産的な仕事のことです」

これがきっかけで、「ディーセント・ワーク」という働き方の概念が世界中に広まっていきました。それから10年後、２００９年の同総会においては、「ディーセント・ワーク」を世界に浸透させることは、21世紀の活動の主目標に決定されています。

そして今日のＳＤＧｓの条文にも、「ディーセント・ワーク」という言葉が組み込まれているというわけです。

私は、2015年に人材会社を立ち上げたとき、この言葉をそのまま社名に冠しました。弊社は、そのディーセントワークの表現と拡大を目的として、転職希望者の企業への紹介や採用コンサルティング支援、求職者への転職支援を主なビジネスとしています。人材会社を創業したのは、最初の就職から私がずっと採用畑で仕事をしてきたからにほかなりません。ですが、本書を書くにあたって、「なぜ人材会社を？」と改めて問われると、そのきっかけはもっと前にあったように思います。

バイトに明け暮れた高校生活

そもそも、私が採用に携わる職場を志願したのは、高校を卒業したばかりの頃でした。

3歳で両親が離婚し、母とふたりの母子家庭で育った私は、決して経済的に裕福だったとはいえません。中学時代、当時はバブル期で日本は景気がよかったにもかかわらず40歳で私を産んだ母は、ほとんど仕事にありつけませんでした。母子家庭には今みたいな市民権はなく、どちらかというと差別や侮蔑の対象だったのです。

学校の参観日は「父親参観」と「母親参観」に分かれていた時代です。「父親参観」に父親が来なければ、クラスメイトに好奇の目で見られ、イジメられたこともありました。

それでも、中学では真面目な方だったと思います。生徒会にも入っていましたが、高校受験では受験料が払えないという理由で併願はできず、普通の公立校一択で受験しました。「ここに受からなかったら終わる」と、後がない思いで受験したことを覚えています。

そんな境遇だったから、高校生になったら働いて、お金を稼ぎたくて仕方ありませんでした。期末のテスト勉強もそっちのけでバイトに明け暮れるという、一風変わった高校時代を過ごしたと思います。

求人雑誌を見て、初めて応募したのはミスタードーナツのバイトでした。

高校生のバイトで稼げる額なんてたかがしれていますが、私の場合、給料は家に入れる生活費に消えていきました。差し引いて手元に残る〝遊びに使えるお金〟なんてほんのわずかです。だから、バイトではとにかく、時間を有効利用して働き、いかに効率よく稼げるかに全力で集中していました。

平日は学校が終わるとバイトに向かいます。部活をしている暇なんてありません。夏休みや冬休みの長期休暇はまさに稼ぎどき。バイトを掛け持ちできる絶好のチャンスです。夏休みの昼間は引越しのバイト、冬休みの昼間は郵便局のバイト、それが終われば夕方から別のバイトに向かう、というルーティンの毎日でした。

そうこうしているうちに、やがて卒業シーズンを迎えましたが、高校受験と同様、やっぱり大学に進学するという道はありませんでした。そこで職業訓練校に行く道を選びました。モノづくりに興味があったので、建築士になりたいと考えたのです。

すんなり受かったまではよかったのですが、入学初日に職業訓練校はバイト禁止という規則があることを知り、落胆しました。

働く意欲のために職業訓練校に行くわけですが、高校時代にすでに自分で稼いで生活していた私にとって、訓練校に通いながらバイトができなくなるのは致命的でした。結果、たった3日通っただけで職業訓練校は辞めざるを得ませんでした。

その後、フリーターとして2年間過ごした後、二十歳を迎えた私は、正社員として就職することを決意しました。

仕事を探すとき、いつも求人情報誌を見ていました。自分の時間を有益に使えて条件があい、最大限効率よく稼げる仕事はどれだろう？　そう思いながら、あの四角いマス目が並ぶ誌面をくまなく見ていきます。

〝時給〇〇〇円。〇時から〇時までの〇時間労働。※ただし、夜勤の場合は時給２００円アップ！　年齢は18歳から35歳まで。……云々かんぬん〟

どれも似たり寄ったりの内容でした。コンビニのバイトも、力仕事のバイトも、時給の相場はだいたい決まっています。そのなかで、私がもっとも知りたかったのは、職場の〝環境〟でした。しかし、その説明はどこにもされていません。

いくつものバイトを経験してきたからこそ知っていました。〝シフトを自由に選べます！〟という言葉に釣られて行った先で、ちっとも自由に選べなかったことを。〝和気あいあいとした職場です！〟と書いてあった先で、無愛想な先輩しかいなかったことを。〝簡単にサクッと稼げます！〟とのことでいった先は、とても「サクッと」とはいえないすごい重労働でした。

しかも、給料は〝日払い〟と書いてあったのに、実際は〝週払い〟だった、なんてことも。だいたいどこも「そんなこと書いてなかったぞ」と思うようなことがひとつやふたつは必ずありました。

最初のうちはそんな環境にも慣れていくしかありませんでしたが、少し知恵をつけてくると、こちらの希望に１００％あう職場なんてないのだなと思うようにもなります。

やがてあの四角いマス目のなかは、人を集めたいだけのテンプレートな決まり文句で埋め尽くされているように感じはじめました。

電話でアポを取り、履歴書を書き、面接に足を運んで……ということをわざわざして行った先で、まったく違う労働条件を提示され「これがのめないなら採用は見送りで」といわれたこともあります。

「なんて時間の無駄なんだ！　これじゃあまるで、仕事探しはくじ引きじゃないか」

しかも、極めて当たりくじが少ないくじ引きです。こちらだってたくさんある求人のなかから練りに練って、もっとも条件があうひとつを選んでいくのに、そこに雇用側が希望する〝本当の条件〟が書かれていないなんて……。

求人雑誌は、雇用主と働き手を結ぶ重要な役割のはずです。そこが白々しい嘘で埋め尽くされているのには納得がいきませんでした。

そんなあるとき、こう思いつきました。

「そうだ！　この求人情報誌を作っている会社で働こう」

人材募集の広告は、ひと枠いくらで販売されています。雇用主もお金を払って出稿しているので、そこに応募者を集めるための魅力的な言葉を連ねなければならないのは仕方ないことでもあります。

でも結局のところ、雇用者と求職者の条件がいい具合にマッチングしないのであれば、働きはじめてもすぐに人は辞めてしまいます。そんなこんなで人材が定着しない企業は、求人雑誌の常連になり、代わり映えしない求人広告を出し続けることになります。

求人雑誌にとってお客様は出稿主です。企業側だって毎回お金を払って求人広告を出し、忙しいなかで面接に時間を割いてやっと人を採用しているのに、仕事を覚えた頃に辞められてしまうのであれば無駄な労力となっているはずでした。

私はそのとき見ていた求人雑誌の背表紙の裏側を見て、書かれていた電話番号に電話しました。

「人を募集していませんか？」

すると、こういわれました。

「ここは編集部なので採用は取り扱っていません。当社で働きたいということでしたら、こちらに電話してください」

教えてもらったのは、株式会社リクルートの横浜オフィスの電話番号でした。

すぐにそちらにかけ直すと「契約社員なら募集しています」という答えが返ってきました。

時は2000年の就職氷河期。リクルートでは集団面接を実施していました。

面接会場に行くと新卒で溢れていて、そのなかには「契約社員でも大手だったらいい」と考える有名大学の学生もたくさんいました。

〝就活〟を知らない私は、リクルートスーツすら持っていなかったのですが、「なんとなくスーツっぽい格好はしたほうがいいだろうな」と考えて、当時一着だけ持っていたグレーのスーツに、黒いシャツを着て面接に挑みました。今考えると、まるでホストのような出で立ちです（笑）。

フリーターで培った面接経験が活かされたのか、どうにか内定を得ることができ、リクルートという会社を何も知らないのに入社を決めたのです。

兎にも角にも、これが採用畑に足を踏み入れた第一歩でした。

すべての人が知るべき労働市場の現状

少子高齢社会。〝いまそこにある危機〟とは？

あれから23年、私はずっと採用市場で働いてきました。

まずは、すべての人に知ってもらいたい、いまの日本の労働市場を覆っている危機についてお話ししたいと思います。

２０２３年現在、労働市場は、「人手不足」の問題を抱えています。

グラフを見るとわかる通り、ここ数十年、日本の出生率は滑り台のような右肩下がりです。

２０１６年に初めて出生数が１００万人を切ってから、少子高齢化は深刻な社会問題として懸念されるようになりました。少子高齢化は将来の働き手不足を意味します。政府はこうした問題への対策として、定年退職の年齢をこれまでの60歳から70歳に引き上げました。

しかし、これは応急処置でしかありません。今後、出生率が上がらなければ、体力的にも厳しい高齢の労働者が増えるだけで、次にバトンを渡す若い世代がいなくなります。

特に、２０１９年からの出生率の低下は著しく、滑り台どころかスキージャンプ台のような角度で急降下しています。２０２０年からは新型コロナウィルスが猛威をふるったせいで、社会への不安から〝産み控え〟が起きました。２０２１年の出生数は84万人と過去最低を記録しています。

これは、もはや事件ともいえる笑えない数字です。実に70年間のうちに日本は、子供の数がおよそ２０００万人も減ってしまっているのです。

約10年前の２０１０年の労働人口は、約６６００万人。それに対して、２０２１年の労働人口は約６８００万人です。ここだけ見ると労働人口は増えているように思えます。しかし、注目すべきは65歳以上の高齢就業者の数です。

労働人口の内訳を見ると、２０１０年には５１０万人だった高齢就業者の数は、２０２１年には９１２万人にまで膨れ上がっています。

ちなみに男性に絞ると、日本の高齢労働者数は先進国でもっとも多い数となっています。この層は、今後ますます拡大していきます。

とりわけ深刻な労働者不足に陥ると予想されているのが、サービス業、医療・福祉業などの分野です。現在もすでに人手不足となっていますが、これらの業種は今後も大きな需要の伸びが予測されます。労働供給の伸びがそれに追いつかないのは、目前に迫った危機です。

人ごとではない人手不足の問題

この危機について、マスコミはしきりに取り上げていますが、どれだけの人が現実問題として受け止めているでしょうか？

そこで、この労働市場の人手不足を身近に感じられる例を取り上げたいと思います。

近頃、「今日はスタッフが少ないのでご提供に時間が掛かります」などと入り口に張り出してある飲食店を見かけないでしょうか？

これはスタッフ不足が原因です。チェーンの飲食店などで〝ワンオペ〟による過重労働問題が取り沙汰されていることからも、こうした業界での人手不足の背景を想像できると思います。飲食店では箱はあっても、サービスを提供する人材の確保ができていません。

また、2022年の夏、コロナ感染者の急増により救急車の稼働が追いついていないというニュースが報道されました。

コロナと熱中症のダブルパンチで医療機関が逼迫し、救急車が現地に着くまで30分以上かかったり、病院に行くまで5時間もかかったりする人がいるという状況になりました。

この対応の遅れは、命を落とす人が増えることに直結しています。度々報じられる「医療崩壊」という言葉に、国民の健康が脅かされていると感じた人は多いはずです。

実は、この根本的な原因は、コロナのせいではなく人手不足にあります。

救急車が足りないから人命を救えないのではありません。乗り物が不足しているだけなら、車は増やせます。そこに乗る救急隊員がいないのが本当の原因です。医療崩壊は、患者がいても診る医者が足りない、看護師もいないという状況によって起きていました。

「いや、コロナ感染者の増加で救急車の必要性が高まったからだ」と思うかもしれません。しかし過去を振り返れば、新型インフルエンザの流行で凄まじい数の感染者が出た年もありました。2022年の夏よりも猛暑日が続き、熱中症で倒れる人が続出した年もあったのです。

しかしそこでは、2022年のような医療崩壊は起きていません。救急車の稼働が追いつかないなんて状況は、この年初めて起きたのです。

この5年のあいだに、55歳の人は60歳になり、高齢の医療従事者は定年で辞めていきました。年齢の高さと労働者の数は比例している状態ですので、労働者の数が多いところから、年々減り幅も大きくなっていくことになります。

さらに2022年は、日本に激震が走る衝撃的な事件も起きました。

7月8日に起きた安倍元首相の銃殺事件です。

世界を駆け巡ったこのニュースは、国内外から警備の甘さをさんざん指摘されました。警官の配置が少なく警備が手薄だったことが、この事件を招いてしまったというのです。

実は、警察官は数年前から採用定員割れしていました。警備を厚くしたくても、警察官がいなければそれはできません。

私が思うにこの事件は、悪い偶然と誰かの悪意によって起きただけではないのです。非常に心が痛む話ですが、人手不足によって起こるべくして起きた事件といえるのです。

警察官不足が身の安全を脅かすのは、なにも、警備を必要とする公人に限った話ではありません。私たちも、いつどんな犯罪に巻き込まれるかわかりません。自分が、あるいは自分の家族が、命にかかわるような重大な犯罪に巻き込まれてしまったとき、警察へ駆け込んでこういわれたらどうしますか？

「警察官が不足していてすぐの対応は無理です」

順番を待っている間に万が一のことが起きてしまっても、警察を責めることはできないでしょう。救急車の件もそうです。今後ますます医療現場から人がいなくなれば、あなたやあなたの身内が事故や急な病で倒れたときに、すぐに診てもらえる保証はなくなります。

命を脅かすことに限らず、毎日の些細な場面でも不具合が生じ始めます。たとえば一人暮らしで夜遅くに仕事が終わる人にとっては、深夜まで営業している飲食店は生活に欠かせないはずです。しかし、先ほど述べたように、すでに人手不足に陥っているフランチャイズなどの飲食店では、今後、深夜帯などのアイドルタイムの稼働を中止し、時間短縮営業をせざるを得なくなるかもしれません。

これまで当たり前に利用できたものが利用できなくなる不便さは、想像に難くないと思います。人手不足の問題は、もはや他人事のように流暢に構えてなどいられないことがわかると思います。

どこにいっても「人手不足だ」といわれ、右往左往する人がそこら中に溢れるようになる。そんな光景は、決してＳＦ小説の話ではなくなってきています。

少子化の責任は国ではなく「企業」にある

結婚率の低下がなぜ起きているのか？

ではなぜ、日本はこんな状況にまで追い込まれてしまったのでしょうか？

続いてこのテーマについて、データを参考にしつつ、改めて考えてみたいと思います。

少子化を招いている大きな要因のひとつに、非婚化と晩婚化があります。

１９９０年代以降、非婚化と晩婚化は急速に進みました。１９９０年代までは一桁だった未婚率は、それ以降、２倍、３倍と増えています。

20代で結婚する人が多かった結婚年齢のピークは、現在は30代が中心になり、女性ひとり当たりの平均出生率は１・３人です。いまでは子どもをもつ家庭は〝ひとりっ子〟が多くを占めています。

非婚化・晩婚化は、近代化により世界的に起きている潮流でもあり、日本に限った話ではありません。しかし、アメリカでは女性ひとり当たりの出生率は１・７人。フランスは１・

9人という数字です。

なぜ、日本人は子どもを産まなくなってしまったのか？

そこで目を向けていただきたいのが、現在の日本の労働環境の悪さについてです。

かつての日本は終身雇用がメインで「夫は外で稼ぎ妻は家庭を守る」という分業が家庭のスタンダードでした。いまは核家族世帯が全体の8割を占めていますが、昔は二世帯、三世帯同居が一般的。昭和のテレビアニメでいう『サザエさん』や『ちびまる子ちゃん』のような、祖父母と暮らす世帯が多くありました。

この形は子育てにおいては、妻がワンオペ育児とならないで済むいい環境だったといえます。実際に、日本は戦後の貧しい社会情勢にもかかわらず、二度のベイビーブームを迎えました。

日本の未婚の上昇・晩婚化が進む分かれ道となった1990年代といえば、バブルが崩壊し失業率の上昇や就職難が起きた時代です。生活様式の変化とともに就労形態は多様化し、派遣や契約社員などの〝非正規雇用者〟の数が急増しました。2014年の時点では、非正規雇用者は全体の40％を超え、労働者のおよそ半数を占める数となっています。

ここがポイントなのですが、正規雇用と非正規雇用の収入差は、平均して2倍以上というデータがあります。この頃から、子育て環境の悪化が一気に加速したのです。


非婚化において注目すべきは「男性の生涯未婚率の高さ」です。

未婚男性に結婚しない理由を聞いた最新のアンケートでは、左のような結果が出ています。

上位には「適当な相手にめぐり合わないから」や「自由や気楽さを失いたくないから」という理由が目立ちますが、「結婚資金がないから」「結婚後の生活資金が足りないと思うから」という経済的な理由や、「仕事が忙しすぎる」という現在の仕事環境にまつわる理由も見られます。こうした声からは、結婚しない人が増えたからといって、「自らの意思で結婚しない人」ばかりが増えたわけではないとわかります。

実際に、私がこれまで求職者の相談にのるうえで、次のような声の数々を聞いてきました。

「10年働いて、昇給が全くされず、将来の見通しが立ちません」

「過剰な残業に当たり前の休日出勤で、結婚どころか恋愛もできません」

「家族のために働き続けたら、妻が育児ノイローゼになってしまいました」

なかには収入に見合わない過剰なノルマを課せられて疲れ果てていたり、上司のパワハラに悩んでいたりするケースもありました。

働き盛りの男性が幸せな家庭を設計できない労働環境は、日本の未来に暗い影を落としています。

子育てしにくい女性の労働環境

こうした労働環境の悪さは男性に限りません。

夫の収入だけで家計を支えられないと、妻も働きに出るようになります。

１９９０年以降は、共働き世帯も一気に増加しました。まだ小さい子どもを抱える母親が働くとなると、子どもを保育園に預ける必要があります。

そこで記憶に新しいのは、２０１７年にピークとなった待機児童問題です。匿名のブログで発信された「保育園落ちた日本死ね！」という悲痛な叫びがテレビで話題となりました。

待機児童問題は、保育園の数が足りない、保育士がいないから子どもを預かれないという状況で起きていました。

派遣やパートなど非正規で働く女性は男性の３倍います。近頃は、女性と男性の職場での格差をなくす動きが出てきてはいますが、男女の賃金格差はまだ大きく、労働市場で女性は「安価な労働力」という感覚をいまだに持つ企業が多数という現状です。

数十年前に比べて「ひとり親世帯」も増えていますが、母子家庭（シングルマザー）の相対的貧困率は、先進国のなかで日本は飛び抜けて高い水準となっています。


未婚女性においては、ライフコース上に出産・子育てがあることを踏まえたうえで、企業には将来設計をしやすい働き方へのサポートが望まれています。しかし、育児休暇の取りやすさや、出産後、育児をしながら会社復帰するにあたって体制がしっかり整っている企業は、まだ多いとはいえません。

女性は、そんな職場の環境をシビアに見ていて、年齢やライフイベントなどのタイミングで、積極的に転職活動をする傾向があります。男性よりも現実的で、行動にスピード感があるのが特徴です。

転職理由としては、

「いまの仕事では結婚を考えられません」

「男性が多い職場なので、出産や子育てへの理解が薄く将来が不安」

「残業が多くて、子どものお迎えがいつも遅くなってしまいます」

「女性上司に〝私は3人産んで働いてきたんだから、1人しか産んでないあなたにできないわけがない〃などと日常的にいわれ、マタハラを受けています」

といった声が聞かれます。

少子化問題を解消するには、出産を担ってもらわなければならない女性のこうした声を聞き入れ、職場環境を改善する必要があります。企業が子育てしやすい労働環境を積極的にバックアップしなければ、女性はもっと子どもを産もうという気持ちになれないでしょう。

少子高齢化の問題において、たまに、こんな議論が繰り広げられます。

「少子高齢化は、社会のシステムが悪い」

「政治が国民の暮らしやすさを十分に保証しないからだ」

でもそれは本当でしょうか？　少子高齢化は、国や政治家が悪いのでしょうか？

私はこれに疑問を感じます。こうした労働環境の悪さを招いているのは、労働基準法を守らない経営者の責任が大きいと考えているからです。

「国は何もしてくれない」

そんなことはありません。現に、保育園待機児童問題は、政府はそれなりの対応をして、割と早い段階で状況は好転しています。保育園の利用率は年々上がっているにもかかわらず、待機児童の数は現在も減少傾向にあります。

マタハラに関しても、2017年に「男女雇用機会均等法」が改正され、国は企業に「マタニティハラスメント防止のために必要な措置」（※マタハラ防止措置）をとるよう義務づけました（2022年4月も改正あり）。育児休暇に関する労働法だけとっても、過去20年間で7回も改正されています。

それなのに、労働環境がなかなか改善されないのは、雇い主である経営者がそれを守っていないからです。少なくとも私が見てきた限りでは、こうした政府の対策にきちんと従っている企業はほとんどありませんでした。

「あなたの職場では、従業員が希望通りに有給をとれていますか？」
「採用の際に約束された条件が、すべてきちんと守られていますか？」

こう尋ねると、ほとんどの相談者がNOと答えます。

法律をしいても雇用主が守らなければ、形骸化してしまうだけ。それでも労働法がたびたび改正されるのは、経営者に〝法律を守らせるための法律〟をつくっているからです。なんだかおかしなことが、労働市場では平然とまかり通っているのです。

こうした状況下では、「少子化問題が進んだ原因は、労働法を守らない経営者にある」といわざるを得ないでしょう。経営者が目先の利益ばかりを追求し、労働者を守ってこなかったせいで、日本の子育て環境はこんなにも悪化してしまいました。

日本で生まれた「ｋａｒｏｓｈｉ（過労死）」という言葉

日本は不名誉なことに「自殺大国」と呼ばれています。

日本の自殺者の数が増えたのも、１９９０年代後半からです。自殺にまで追い込まれてしまう理由は、いくつかの複合的な悩みが絡み合っているものなので、労働環境の悪さが原因だとは一概にはいえません。

しかし、長時間残業や休日がない労働により蓄積された精神的・肉体的な疲労が、悩みを大きくしたとみられるケースは多いです。現に、まだ若い、働き盛りの年代の男性の自殺者は後を絶ちません。

「過労死」という言葉は、いまの日本では浸透した言葉ですが、海外ではかなり特殊な響きをもつ言葉だということを忘れてはいけません。仕事によって死ぬほどの精神状態になるなんて、異常なのです。

その異常さが浮き彫りとなったのが、２０１５年の12月に起きた事件でした。

誰もが心浮かれる年の瀬のクリスマスシーズン。世間が賑わいに満ちていたとき、大手広告会社・電通に勤めていた20代の女性が、社員寮の屋上から飛び降り、その短すぎる生涯を終えてしまいました。衝撃的だったのは、Twitter上に彼女のギリギリの精神状態を表すかのような発言の数々が残されていたことでした。

会社から深夜３時を過ぎて帰宅したり、睡眠時間が2時間しかなかったりという日常が綴られていて、残業時間は労働基準法で定められている範囲を超えていました。

職場では過度なプレッシャーのなかで上司からのパワハラのみならず、セクハラとともとれる言葉の暴力があったこともうかがえました。

この事件を受け、このままではいけないと「働き方改革」が叫ばれるようになりました。大規模な労働基準法の改定が行われ、２０１９年4月より労働者を守るための新たな労働基準法が施行されています（２０２２年にも改定あり）。それでも、企業の体質がすぐに変わったわけではありませんでした。

人材会社は、パワハラやセクハラ、マタハラなどの人権侵害に悩んだり、「いまのままでは幸せになれない」と将来を憂いたりしている人たちの駆け込み寺となっています。

転職活動をしているのは労働人口のたった4％

企業は〝いい人材〟を手に入れるための戦争状態にある

人材不足の深刻化やグローバル化の流れで、以前より転職者の数は増えました。

採用の条件を「経験者のみ」や「大卒のみ」としていた企業が条件を変更し、「未経験者可」や「学歴不問」とするようにもなってきています。かつて転職は、35歳までにしなければ成功率が低くなってしまうという「35歳限界説」がありましたが、現在は40歳を過ぎても転職が成功する例は増えています。

こうした世の中の動きからは、転職市場は活性化しているように見えるかもしれません。しかし、だからといって、人材の流動性はそこまで高まっているわけでもありません。

先ほど、結婚率の低下は「結婚したくない人ばかりが増えているからではない」という話をしました。「結婚したいけどいい相手に巡り会えない」あるいは「結婚したいけどできない環境にある」というのが未婚者の本音でした。

転職においても、転職したいという人はたくさんいます。それでも転職に踏み切る人が少ないのは「探してもいい職場に巡り会えない」「転職したいけどできない」と思っているからです。

２０２２年の段階で、日本の労働者の数は約６９００万人います。

そのうち実際の転職者の数はたった４％程度で、多く見積もっても３００万人ほどしかいません。

これはアルバイトやパートなど非正規雇用も含めた、全雇用形態における年間の転職者の数です。正規雇用だけで言えば、さらに数は少なくなります。コロナによって失業者が増えた影響で瞬間最大では７％まで増えましたが、基本的には４％前後を推移しています。

それに対して、日本には会社の数が４００万あります。これは個人事業や地域の八百屋さんなども含めた数です。１年間で１社に１人割り当てたとしても、圧倒的に足りません。

ここで気づいていただきたいのは、求職者は、職場を選べる立場にあるということです。

会社はどこも人がほしくて仕方がない状態。そこに転職に興味がある人は一定数います。でも、希望にあう条件でなければ転職はしません。

人材がほしい企業は、転職者にとって「ここでぜひ働きたい！」という会社とならなければ、人がこないのは当然です。

転職したい人材が、必ずしも採用したい人材ではない

さらに、人手がほしい企業が危機感を持たなければいけない理由に、たった4％の流動性のなかで〝いい人材〟を発掘することの難しさがあります。

転職希望者のなかには、私の目から見て、仕事に対する真剣さが薄いと感じざるを得ない人もいます。キャリアを活かさず「今よりもっといい職場があるはず」と、漠然と夢見がちな転職ストーリーを描いている人は少なくありません。

たとえば、求職者に話を聞くとこういわれることがあります。

「私の市場価値をもっと上げられる仕事を紹介してください。」
「やっぱり好きな事を仕事にしたいので、今の仕事とは全く違う道に進みたいのです。」

正直、こんなセリフを聞いて拍子抜けしてしまうことは多いです。

履歴書をみれば、30、40代で経歴は割としっかりしています。それなのに「自分の価値

を誰かに決めてもらいたい」という頭でいたり、履歴書だけで「私の市場価値は？」と言い出したりする姿勢には呆れてしまいます。はっきりいって、こんな考えで次の職場を選んでも継続と発展は実現できません。

そんなときは、歯に衣着せずこういうことにしています。

「自分のセールスポイントがわからず、ましてや将来設計もないままに転職活動をしても、それは人材会社や企業に搾取されるだけの人生ですよ」

転職は、日々の生活を一変させる大きな転換期となります。この舵取りに失敗するか成功するかで、その後の人生は大きく変わります。これまで培ってきた事はなにか、自分ができることはなにかをしっかり言語化できてこそ、企業が求める人材といいマッチングができるというものです。

転職市場で窮地に立たされているのは、雇用する側だけではありません。職探ししている人もまた、真剣勝負で企業を選ばなければいけません。

人工知能の発達でもたらされる「所得の二極化」は、すでに海外で起きています。コンピュータに代替されてしまう業務と、代替できない業務とに分かれていくなかで、いわゆる「中間層」が消えてしまい、働き手の収入は「高収入になるか、低収入になるか」の瀬戸際です。2つのうち、どちらの道を進むかは、自分の経歴をどのように活かし、どんな企業を選ぶかによって決まります。

危機感のない転職希望者に対しては、つい、説教じみたことをいってしまう場面もあります。


「働くことを真剣に考えていますか?」

「転職すれば幸せになれると、たかをくくっていませんか?」

そう話した結果、「なんでそんなことを言われなきゃいけないんだ」と辞退されることもありますが、私はそれで構いません。自分の人生を真剣に考えられない人の支援などできないからです。これが実情です。


大切なことなのでもう一度いいます。

転職者の数は全労働者人口のうちのたった4%です。

正規雇用の数だけでいえば、さらに数はぐんと減り、半分より少し多いというくらい。

したがって「アルバイトなんかは雇わない」となれば、母数はもっと小さくなります。

20代の労働者人口は全国で1千万人ちょっとです。

東京で、同業界の経験があって、コミュニケーションスキルが高く、年収は５００万円くらいで、自社に興味を持つ人材を採用することがいかに難しいかがわかると思います。

全ての企業が採用できないということは、自社の従業員が引き抜かれるリスクも極めて高くなります。採用はできない、退職者は減らないという二重苦から脱却し、視座が高い〝良い人材〟を採用するためには、「このままでは倒産する」という危機感を強く持ち、今すぐに行動に落とし込む必要があるのです。

第2章

最初に法律・労働法を理解しなさい

7割の会社は労働法を守っていないということ

「炎上時代」に気を付けるべき労基法違反

弊社では「労基法を遵守する」という書類に捺印をした企業にのみ紹介を行っています。

しかし、問い合わせがあった7割の会社がこれに応じません。

つまり、3割の会社が労働基準法や雇用条件を守っている会社であり、7割の会社がブラックな会社と言えます。

そのなかには、労基法を守っていないどころか、奴隷契約にも近い雇用条件を従業員に強いているような例もあります。

「労働基準法違反で逮捕なんかしていたら、日本から会社がなくなっちゃうよ！」

そう思う経営者の方もいるかもしれません。しかし、いい加減古い考えは改めるべきでしょう。

以前は、労働基準監督署の是正勧告は強制力のない行政指導にとどまっていましたが、目に余る違法な長時間労働の撲滅のため、厚生労働省は2017年の5月に方針を変更し、行政指導の段階でも企業名を公表すると発表しました。

現在は「労働基準関係法令違反に係る公表事案」とネットで検索すれば、誰でも違法行為があった会社を調べられるようになっています。

労働基準法違反には懲役刑があります。労働基準監督官は逮捕の権限を有し、手錠を持っています。労基署には特別司法警察職員という役職が存在し、逮捕・強制調査・証拠品の押収など、警察に準ずる権限が与えられているのです。

労基法違反の是正勧告を軽く見ていると、状況によっては悪質とみなされ、逮捕につながる可能性も十分あります。

近年はニュースでも頻繁に、労基法違反により従業員が勤め先を提訴するような事例が企業名とともに報じられています。

再認識する意味で、その一部を紹介しましょう。

事例1　昔ながらの駄菓子を製造するメーカーで発覚した過重労働問題

2022年8月

人気のスナック菓子『うまい棒』を製造する茨城県の菓子メーカー「リスカ株式会社」で常総労働基準監督署は、労働基準法違反の疑いで同社と、同社の社長を書類送検した。製造を担当する社員9人に、違法な長時間労働をさせた疑い。

調べによると、複数月の平均が80時間を超えたり、最長で月120時間を超えたりする時間外労働があったとされている。これは、労使協定(36協定)を超えており、同社は数年前から、労働基準監督署に長時間労働に対する是正勧告を複数回受けていた。

事例2　従業員から高額な慰謝料請求をされた人気スイーツ店

2022年1月

ロールケーキブームの火付け役となった『小山ロール』を製造する兵庫県の洋菓子店「パティシエ エス コヤマ」が、二度の是正勧告後も違法な長時間労働を従業員にさせていたとして、同社と幹部2人を労働基準法違反容疑で書類送検した。

同社に勤務する30代の男性パティシエによれば、2003年に入社後、日常的に午前5時から深夜まで勤務し、休日は週1回という勤務状況が続いていたが、残業代を含む月給は手取り20万円程度しか支払われなかったという。男性は運営会社に慰謝料と未払い賃金など計約３１００万円を求めて神戸地裁に提訴している。

事例３　有名コンサル会社で起きた違法残業の取り締まり

２０２２年３月

東京労働局は、コンサルティング会社大手の「アクセンチュア」が社員に違法な残業をさせていたとして、労働基準法違反の疑いで同社と労務を担当するシニアマネージャーを書類送検した。

労働局や会社によると、同社では協定を結ぶための手続きに不備があったことが認められ、ソフトウェアエンジニアとしてプログラミングなどの業務を担当する男性社員１人に１か月１４０時間余りの違法な残業をさせていた。また、ほかの複数の社員についても違法な残業が確認された。

事例４　行列ができる回転寿司チェーンで店長が焼身自殺

２０２２年４月

東証プライム一部上場の大手回転寿司チェーン「くら寿司」の、山梨県のある店舗の店長が、店舗の駐車場に停めていた車に火を放ち、車ごと焼身自殺を図った。上司のスーパーバイザーから日常的にパワハラを受けていたことが自殺の原因と見られる。
「くら寿司」は国内外に567の店舗を構え、社員・アルバイト・パートを合わせた従業員数は1万8524名にのぼる業界最大手。

2022年5月

従業員が職場の駐車場で焼身自殺を図った「くら寿司」で、悪質な勤務実態があったことが新たに発覚した。関係者への取材によると、複数の店舗において、店長が自腹を切ってアルバイトに給与を支払う、いわゆる〝自爆雇用〟があったことが明らかになった。

店長は、繁忙期などに未成年の高校生を含むアルバイトを身銭をきって雇い、人手不足の穴埋めをしていた模様。「くら寿司」は、2022年10月期の連結純利益は前期比51%増の28億円を見込むなど好調な業績だった。

しかし実態は、勤務する従業員が有給休暇の取得を店長から拒絶されるなどの労働基準法違反があった。現役従業員は、会社を提訴する意向を示している。

有名な企業や重大な事件につながったケースはこのように報道されますが、報道されない中小企業などの例も含めれば、氷山の一角です。

しかも、過去の事例からは、従業員を過酷な労働環境に追いやっているのは、決して業績が悪化している企業ばかりではないことがわかります。

会社や経営者のみならず、シニアマネージャーやスーパーバイザーといった上司までもが共犯のように報道されていることにも注目してください。

労働環境の悪化は、内部の「黙認」の積み重ねによって起きています。部下が重大な事件が起こしてしまってから、上司は「知らなかった」では済まされません。労働環境の不備の改善は、内部から声をあげていく〝変化〟の必要性にも迫られています。

思い当たる節がある、耳が痛い、という方はいるのではないでしょうか？

ちょっと引っかかるという程度であっても、もし気になることがあれば、この機会に本気で雇用条件を見直すなり、体制にテコ入れするなりの行動を始めてください。

SNS時代、従業員が会社への不満や不当な扱いを内部告発して、ネット上で拡散され、大騒ぎとなるケースが多々見られるようになりました。

どんなに企業のイメージアップのための広告をうっていても、社内で起きた事故のもみ消しや、従業員へのパワハラ・いじめなどが横行していれば、いつ外部に漏れて大炎上となるかもわかりません。

そうなってしまえば、表向きにどんなに取り繕っていても、会社の信頼は地に落ちてしまうのです。

知っておくべき最低限の労基法について

労基法を知らずに面接する採用担当者

雇用の諸段階で「契約違反のトラブル」や「採用内定取り消しのトラブル」が頻発している会社には、人事担当者がおらず、基本的な労基法さえ知らない社員が採用面接を兼任しているケースもあります。認識不足による労基法違反であっても、社員に訴訟を起こされてしまえば、会社は太刀打ちできません。

知識不足が会社の命取りとならないためにも、従業員を管理する立場や採用担当者は、前提として、労基法の知識を持っておく必要があります。

「法律なんて、難しい」という方も多いでしょう。

そんな方々のために、わかりやすく簡潔にお伝えさせていただきます。

まず、労基法は「正社員だけでなく、アルバイトや派遣社員などすべての労働者」に対して適用されます。
「アルバイトだから」という理由で言い逃れることはできません。
そして、全ての労働者には雇用条件を明示する義務が、使用者にはあります。

【雇用条件○○】
1、契約期間に関すること
2、期間の定めがある契約を更新する場合の基準に関すること
3、就業場所、従事する業務に関すること
4、始業・終業時刻、休憩、休日などに関すること
5、賃金の決定方法、支払時期などに関すること
6、退職に関すること（解雇の事由を含む）
7、昇給に関すること
このうち、1~6は、原則として書面での交付が必要です。
また、定めをした場合には、次の8つを明示しなければいけません。

【雇用条件○○】

1、退職手当に関すること
2、賞与などに関すること
3、食費、作業用品などの負担に関すること
4、安全衛生に関すること
5、職業訓練に関すること
6、災害補償などに関すること
7、表彰や制裁に関すること
8、休職に関すること

同一事業所で10人以上の労働者を使用している場合は、使用者は就業規則を作成し労働者代表の意見書を添えて、所轄労働基準監督署に届け出をすることになっています。就業規則を変更した場合も、同様に届け出が必要です。

就業規則が労働者に周知されていない場合は、たとえ労働者に規則違反があったとしても効力が無効になります。

そして、違法なルールや、労働者に不利益となる規則変更は一切認められていません。「就業規則に書いてあるのだから大丈夫」ということはないのです。

続いて「賃金について」「休日・休憩について」「時間外労働」「解雇」「各種保障」の5つのカテゴリーに分けてポイントを解説します。

「賃金」トラブルを回避する3つのポイント

労働者の生活の糧を守ることは絶対的な原則

ニュースでは、会社の経営悪化などが原因で、従業員の賃金が未払いになるケースが度々報道されています。労働者の生活の糧である賃金の未払いは、懲役に該当する犯罪行為です。

賃金で最低限押さえておくべきことは、「賃金支払いの五原則」「最低賃金」「ノーワーク・ノーペイの原則」の3つです。それぞれについて解説します。

「賃金支払いの五原則」とは？

雇用者から労働者へ支払われる賃金は、賃金支払いの五原則により、使用者は労働者へ「通貨で」「直接労働者に」「全額を」「毎月1回以上」「一定の期日を定めて」支払うことが義務付けられています。

各原則を覚えておいてください。

【賃金支払いの五原則】

一、通貨払い・・・賃金は通貨で支払う必要があり、現物支給は禁止されています。労働者の同意等があれば、銀行振込が可能です。

二、直接払い・・・賃金は労働者本人に直接支払う必要があります。労働者の代理人や親権者等への支払いは不可です。

三、全額払い・・・賃金はその全額を支払う必要があります。所得税等、法令で定めているものや、労使協定で定めているもの以外は控除できません。

四、毎月一回払い・・・毎月、少なくとも一回は、支払いをしなくてはいけません。賞与などは除きます。

五、一定期日払い・・・毎月25日、というように、周期的に到来する支払い期日を定めなければいけません。賞与などは除きます。

賃金支払いの五原則は、労働者の生活を守る観点から、使用者に最低限、義務付けられているルールです。賃金支払いの五原則が守られていなければ、経営者は告訴されるリスクもあります。

●最低賃金について

最低賃金は、各都道府県に定められた「地域別最低賃金」と、特定の産業に従事する労働者を対象に定められた「特定（産業別）最低賃金」の2種類があります。

「特定（産業別）最低賃金」は、「地域別最低賃金」よりも高い金額水準に設定されています。地域別最低賃金と特定（産業別）最低賃金の両方が同時に適用される場合は、高い方の賃金が適用されます。

仮に、採用時に労働者の同意があったとしても、最低賃金に定められた金額を下回ることはできません。

最低賃金は年に一度、実態調査結果などの各種統計を参考にして決定されています。ギリギリのラインで雇用している会社は、自社の基準がこれを下回っていないか、改正時期には確認しておきましょう。

ちなみに、本書発行日の直近では、2022年10月1日から最低賃金が引き上げられ、時給は1072円に改正されています。

支払う賃金のうち最低賃金の対象となるのは、毎月支払われる基本的な賃金（基本給＋諸手当）です。残業代やボーナス、臨時に支払われる結婚手当などはこれに含まれません。

最低賃金の算出方法は、次の通りです。

1：【時間給の場合】
時間給 ≧ 最低賃金額（時間額）
2：【日給の場合】
日給÷1日の所定労働時間 ≧ 最低賃金額（時間額）
※ただし、日額が定められている特定（産業別）最低賃金が適用される場合には、
日給 ≧ 最低賃金額（日額）
3：【月給の場合】
月給÷1箇月平均所定労働時間 ≧ 最低賃金額（時間額）

さて、ここで例題です。
経理スタッフ（東京オフィス勤務）
月給20万円（月25ｈまでの固定残業代4万円含む）
年間休日120日
こんな求人広告を見たことがあるのではないでしょうか。
実はこれは最低賃金を下回っています。

派遣においては、派遣元の所在地にかかわらず、派遣先の最低賃金が適用されます。派遣を使用している場合は、雇用者は派遣先の事業場の最低賃金の把握が必要です。

また、最低賃金を適用する場合、労働者にはその旨を周知する義務があります。もし、最低賃金未満の賃金しか支払っていない場合は、労働者は過去最大2年を遡り、その差額の支払いを求めることができます。

「ノーワーク・ノーペイの法則」とは？

万が一、賃金に関してトラブルになった場合は、人事担当者は「ノーワーク・ノーペイの原則」も知っておくとよいでしょう。企業は労働者に対して、〝労働の対価として賃金を支払う〟という原則があります。

このノーワーク・ノーペイの原則に基づけば、労働をしていない部分については、雇用者は賃金の支払い義務がありません。つまり、遅刻や欠勤などで労働者が労務を行っていない場合は、そこに関わる賃金を支給する必要はありません。

これを誤った解釈をして「仕事ができない人間にはお金を払わなくても良い」と誤解されている方がいます。

ノーワーク・ノーペイですから、逆をいえば、働いたらその成果に限らず絶対に支払う必要があるということです。

賃金未払いは泥棒や食い逃げと同じと理解すると良いと思います。

理解できない方は、速やかに弁護士など専門家のアドバイスを受けてください。

事故を未然に防ぐ「休日や休憩」の管理

〝当たり前〟は通用しない連続勤務

使用者は労働者の勤務状況を把握し、過重労働となっていないか管理する責任があります。仕事とプライベートのオン・オフの切り替えができ、リフレッシュできる時間を持つことが大切です。

高速バスや配送員など車の運転を伴う場合や、製造業、サービス業など身体を駆使する業務では、とりわけ過重労働とならないような配慮が必要です。

連続勤務が続いていたり、適切な人員配置を行っていなかったりするなどの状況下で、万が一、就労中に従業員が重大な事故を起こしてしまえば取り返しがつきません。どんな言い分があるにせよ、労基法違反が認められれば、使用者の責任が問われることになります。

休日と休憩の規定については、「休日」「有給休暇」「休憩」の3つに分けて説明します。

●休日

休日に関しては、使用者は労働者に対し、最低限、週に1回以上の休日を与えることが義務付けられています。

人事や採用担当者においても、「自分の業務の範囲外だから、現場のことは知らない」と片付けるのではなく、採用の際の休暇の約束がきちんと守られているか、現場に足を運んでみる、積極的に聞き取り調査をするなどして、把握しておいてください。

●有給休暇

週に1回の休日以外にも、労働者に取得させるよう定められているのが「年次有給休暇」です。年次有給休暇とは、労働者の心身の疲労回復や、ゆとりある生活を保障するために付与される休日のことで、「給与が有る休暇（有給休暇）」のことをいいます。

有給の取得は、働き方改革によって義務化されました。年次有給休暇は、従業員の権利であり、従業員から有給休暇の申請をされたら、使用者は基本的には拒めません。

よくあるのが、有給休暇は退職時にまとめて消化させるケースです。しかし、有給休暇の本来の目的を考えれば、従業員が自由に取得できてこそ意味があるといえるでしょう。

また、有給休暇は正規雇用のみ適用されると勘違いしている人が多いのですが、派遣社員やアルバイトでも有給休暇を取得することはできます。ただ、誰にでも、というわけではなく、一定の条件を満たす必要があります。

その条件とは、「6カ月間継続勤務し、かつ全労働日の8割以上出勤していること」。反対にいえば、勤務期間が6カ月未満の人や、必要勤務日数を満たしていない人に対しては、有給休暇を与える必要はありません。

有給休暇は、勤続年数が長くなれば長くなるほど増えていくという特性があります。年次有給休暇の法定の付与日数は、次の通りです。

有給休暇を取得したいという従業員に対して、使用者は基本的には拒むことはできませ

勤続年数	年次有給休暇付与日数
6ヶ月	10日
1年6ヶ月	11日
2年6ヶ月	12日
3年6ヶ月	14日
4年6ヶ月	16日
5年6ヶ月	18日
6年6ヶ月	20日

んが、多忙期などに有給休暇を取る従業員が増えてしまっては運営上支障をきたすため、使用者は申請された有給休暇の取得時期を従業員にずらしてもらうよう求める「時季変更権」を有しています。

時季変更権は、「代替要員を立てることが困難」で、なおかつ「事業の正常な運営を妨げる」場合において行使できる権利です。ただし、「繁忙期だから」という理由のみで却下すると、違法になる可能性があります。

企業は「客観的にみて正当な理由」があれば時季変更権を行使できますが、多くの場合認められません。

「人が足りなかった」「彼にしかできない仕事だった」「急な有給申請で対応できなかった」これらは全て時季変更権を行使する理由に該当しません。

有給の申請をむやみに却下していると、労働者とトラブルになりかねません。過去には、時季変更権の行使に従わず出勤しなかった従業員を解雇した結果、解雇が不当だと判断され、使用者に600万円を超える支払いが命じられた例もあります。

従業員からの有給申請は、まずは前向きに聞き入れる姿勢を持つことが大切です。

休憩

休日だけでなく、就業中に「休憩」がきちんと取れているかの確認も怠ってはいけません。緊張状態が続く工場などでの仕事は特に、長時間労働が重大な事故につながってしまうケースもあります。

休憩については、1日の労働時間が6時間を超える場合には45分以上、8時間を超える場合には1時間以上の休憩を、就業時間の間に与えなければなりません。※休憩時間中であっても、たとえば電話番や顧客対応を行うなどを会社が命じている場合は、労働時間内と判定され、未払い賃金として請求されるケースもあります。

人を死に追い込む「時間外労働」

「命」を守るボーダーライン

労基法違反でもっとも多い傾向にあるのが「時間外労働」にまつわる違反です。

労働者を法定労働時間を超えて働かせることを、労基法は原則として禁止しています。

一般的には、雇用する際の労働時間は、1日8時間、1週間で40時間が限度となっています。

たとえば「こちらが求めるレベルに到達していないから」などの上司の主観的な理由で強制的に残業をさせることは犯罪に当たり、6カ月以下の懲役、または30万円以下の罰金刑が科せられます。

時間外労働においておさえておくべきは、「36協定」と、「割増賃金」です。

36（さぶろく）協定

労働時間は「1日8時間、1週間に40時間」という基準が設けられていますが、業種や職種、繁忙時期によっては上限の厳守が難しい場合もあるでしょう。

したがって、労働者との合意があれば、法定労働時間の超過や休日労働が認められる「３６（さぶろく）協定」というものが存在します。

３６協定は正式には「時間外・休日労働に関する協定届」のことをいいます。労働者の代表（組合）と書面による協定を結び労働基準監督署に届け出をすれば、会社は法定労働時間を超える時間外労働や休日勤務を労働者に命じられます。労働基準法第36条により定められているため、通称として３６協定と呼ばれています。

前述の「働き方改革」（２０１９年４月に施行。中小企業への適用は２０２０年４月から）は、この３６協定に、特別条項として上限が設けられたことが最大の改正点です。

以前は繁忙期などの特別な事情があれば、年６カ月までは上限なしで時間外労働が許されていました。しかし現在は、労使合意がある場合（特別条項）でも、時間外労働の上限時間は「月45時間・年３６０時間」の両方を守る必要があります。

「うちは月に40時間の残業だから大丈夫」という企業をみかけることがありますが、「年間で３６０時間」を超えていますので、この場合は違法になります。

36協定の未締結や違反となる時間外労働をさせた場合の罰則は６カ月以下の懲役または30万円以下の罰金刑が科せられます。

●割増賃金

従業員に残業などの時間外労働をさせる場合は、賃金を割り増しして支払えば認められているケースもあります。割増率については、残業・深夜・休日の３区分の最低基準が設けられています。この最低割増率以上の額を支払うようにしてください。

残業については「一般的な割増率」と「時間外労働が月に60時間を超える場合の割増率」に区別されていて、それぞれの割増率は次のように定められています（※「時間外労働が月に60時間を超える場合の割増率」は、中小企業については、２０２３年4月1日から適用になります）。

◆一般的な時間外労働の最低割増率の計算式

時給○○ × １.２５

◆時間外労働が月に60時間を超える場合の割増率の計算式

時給○○ × １.５０

休日については、次の計算式になります。

◆法定休日（週1回）に労働させたときの割増率の計算式

時給○○ × １.３５

22時から翌朝5時の間に労働させる場合は、深夜の割増率が適用になります。

深夜の割増率の計算式は次の通りです。

◆時給○○×1.25

もし、これに違反すれば、6か月以下の懲役、または30万円以下の罰金刑が科されます。

時間外労働の割増率［所定労働時間が午前9時から午後5時（休憩1時間）までの場合］

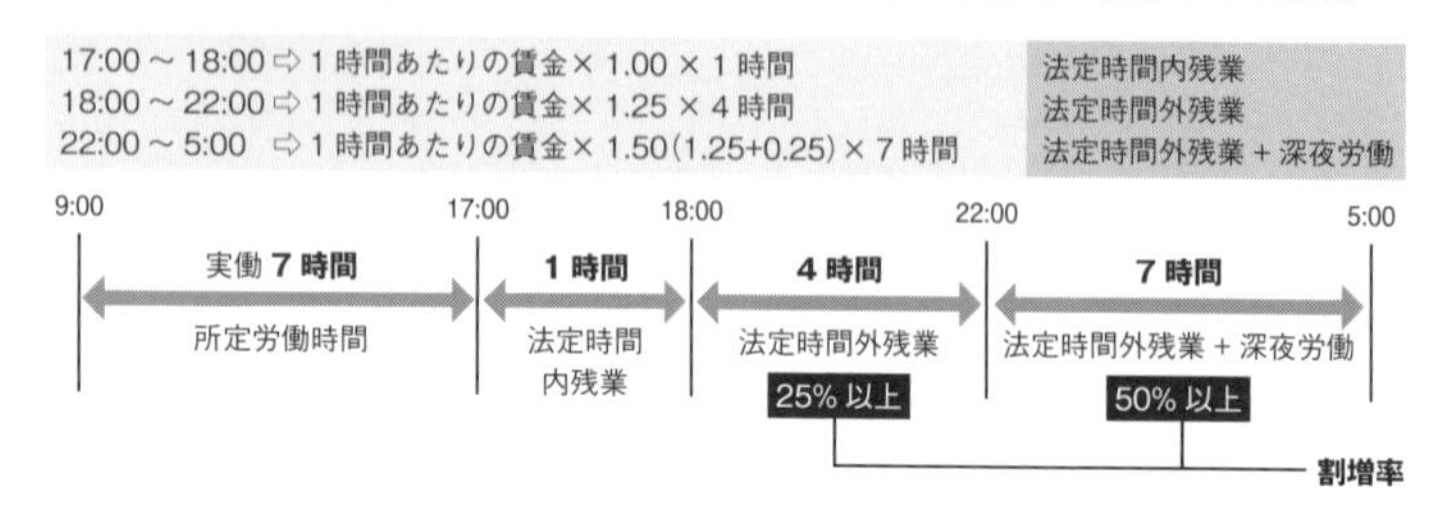

法定休日労働の割増率［午前9時から午後12時（休憩1時間）まで労働させた場合］

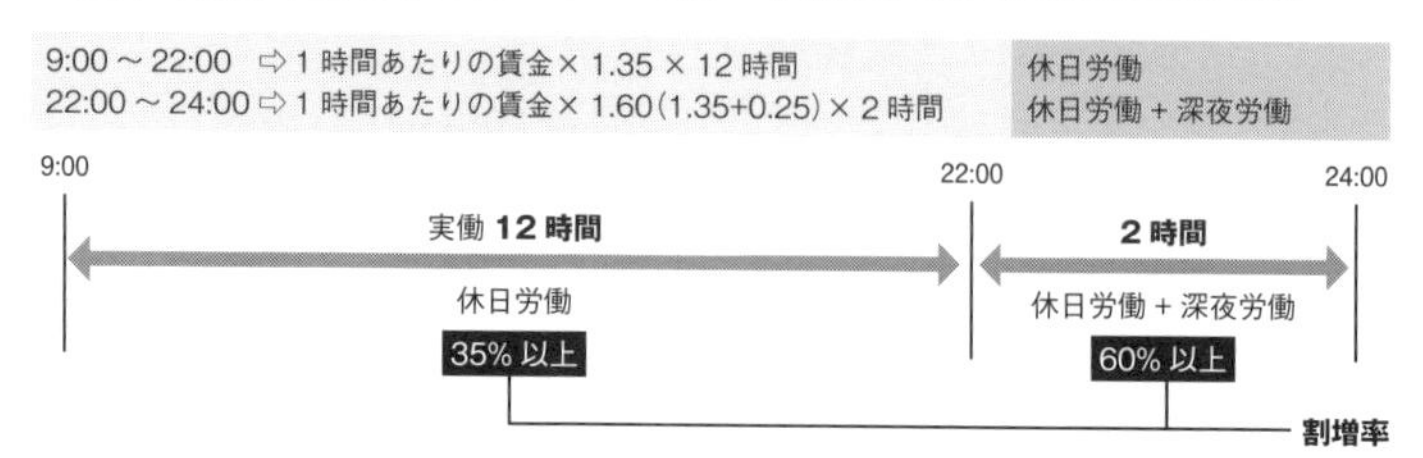

「解雇・退職」時の高額賠償に要注意！

「解雇権濫用」に当てはまっていないか？

使用者が労働者へ一方的に、予告なしの解雇をすることは禁止されています。やむを得ず解雇するときは、1カ月前に本人に解雇予告をしなければなりません。

もし、30日前に予告をしなかった場合は、「解雇予告手当」として30日分以上の平均賃金を支払う必要があります。

また、業務上の傷病や、産前産後による休業期間および、その後30日間は、原則として解雇はできないルールとなっています。

解雇に違反性が認められた場合は、6カ月以下の懲役または30万円以下の罰金刑が科されます。

使用者には「解雇権」というものがあり、法はこれを認めていますが、この正当性や妥当性を証明することは極めて困難です。

「本人が解雇してくれと言った」「仕事場でさぼっていた」「会社に嘘をついてアルバイトをしていた」「悪いことをして警察に捕まった」

こういった理由でも、解雇の妥当性はないといわれることがほとんどです。

なお、不当解雇に時効はありません。

数年前に退職した人材に不当解雇請求されることも起こり得ます。

また、賃金は2年を遡って請求することができ、遅延損害金として年14・6％の割合で支払うこととなります。

なお、これは労働債権ですので、倒産しても免責されません。

会社の質が問われる「各種保障」を再確認

いいたいことがいえない〝社内の空気〟は経営者の責任

労働者を守るために存在する労基法には、就労中の人権侵害や事故に対する労災など、労働者へのさまざまな保障が定められています。

ここでは「人権侵害」「出産・育児」「労災保険」に絞って説明します。

●人権侵害

労働者の社会的な身分や性別によって、賃金などについて差別的な扱いをしてはならないとされています。また、労働者の意思に反して強制的に労働させることも違法です。

男女の性別で賃金格差を生じさせた場合は、６カ月以下の懲役または30万円以下の罰金刑、もし、暴行や脅迫により精神的威圧を与えて強制労働をさせた場合は、１年以上10年以下の懲役または20万円以上３００万円以下の罰金刑に処せられます。

また、労働者に「違約金」を支払わせたり、賃金支払いの際に債権と賃金の相殺をしたりする行為も禁じられています。たとえば、労働者が雇用契約に違反して契約期間中に退職したり迷惑行為をしたりしても、違約金として給料から差し引くことは許されていません。

これに違反した場合は、6カ月以下の懲役または30万円以下の罰金刑に処せられます。

なお、精神または身体の障害により著しく労働能力の低い人や、試用期間中の人、基礎的な技能等を内容とする認定職業訓練を受けている人のうち厚生労働省令で定める人など、一般の労働者より著しく労働能力が低いなどの場合に、最低賃金を一律にすると雇用の機会を阻むおそれがあるため、都道府県労働局長の許可を受ければ、最低賃金を減額する特例が設けられています。

最低賃金減額の特例許可を受けたい場合は、「最低賃金の減額の特例許可申請書」を作成し、所轄の労働基準監督署長を通して都道府県労働局長に提出する必要があります。

●出産・育児

出産する予定の女性が休業を申し出たら、使用者は必ず認めなければなりません。産前産後の期間は目安として、最低各々6週間（多胎妊娠の場合は各々14週間）とされています。

妊娠中の女性が請求すれば時間外労働をさせてはならず、休日出勤や深夜の業務をさせることも禁じられています。また、妊娠中の女性が身体への負担が少ない軽易な業務への転換を希望した場合は、職場では必要な措置を取らなければいけません。

ただし、産後6週間を経過した女性でも、本人が希望すれば、医師が支障がないと認めた業務に就かせることは差し支えありません。

出産後、満1年に満たない子どもを育てる女性は、育児のための時間を請求することが認められています。要請があった場合は、休憩時間の確保と、1日2回、一度に少なくとも30分は休憩時間を設けてください。

●労災保険

労働者が業務上の病気になったりケガをしたりした際に、労働者が故意でケガを負ったという状況でない限りは、使用者は労働者に治療費や休業補償を支払う義務があります。もし、後遺症が残った場合には、障害に対する補償を負担すべきとも定められています。

したがって経営者は、雇用形態にかかわらず、1週間の所定労働時間が20時間以上であり、かつ31日以上雇用する見込みの人がひとりでもいる場合、労災保険に加入しなければいけません。労災保険とは、従業員の治療費や休業補償を給付する保険制度です。

ただし、「休業補償給付」は、1日に支払われる給与の6割相当を基準に支給されるため、足りない部分については会社負担での支給が必要になることが通常です。

たまに雇用保険と労災保険を混同している人がいますが別物です。労災保険に加入した際に支払う保険料は、全従業員の前年度1年間の賃金総額に、事業ごとに定められた保険率をかけて算出します。

もし、労災保険に加入する義務を怠ると6カ月以下の懲役または30万円以下の罰金刑となります。

なお、近年の改定では、労災の特別加入の対象が広がり、芸能関係作業従事者やあん摩マッサージ指圧師、はり師なども任意加入が可能になっています。


労災保険の給付のために、就業中の事故などにより労働者がケガをしたら、労基署に報告しなければいけません。労基署へ報告すると会社に調査が入って不都合だから「黙っておくように」と経営者が対象者に口封じをすることがありますが、もしそのような行為が認められれば「労災隠し」として扱われ、50万円以下の罰金刑が科せられます。

労基署は誰から相談があったのかを明かすことはありません。しかし、従業員数が少ないと、指導内容から誰が相談したのか予測できてしまう場合もあります。

もし、それを理由に対象者に処分を行うなどの行為があれば、労基法違反に該当し、再び相談をされると処罰を受ける可能性が高いので注意してください。

特に調査に訪れた労基署の職員に対して、横柄な態度をとったりぞんざいに扱ったりすると、悪質な会社という印象を持たれて刑事手続の対象となるおそれがあります。指導に対しては誠実に対応するよう心がけてください。

また、万が一、従業員が業務上、死亡してしまった場合は、葬祭費の負担や遺族補償をすべきとも定められています。その際は、遺族に高額な損害賠償金を請求されることがありますが、これは労災の給付とは無関係のため、会社で負担しなければいけません。

パワハラ防止法について

ハラスメントではありません。犯罪です。

社内で対人関係に起因する労働環境の悪化が頻発したせいで、２０２０年６月に「パワハラ防止法」が施行されました。当初は大企業にだけ適用されるものでしたが、施行後もさらに議論が進み、２０２２年４月からは中小企業を含むすべての会社にパワハラ防止法は適用されています。

ここで問題なのは、「パワハラの基準が難しい」と、管理職や経営者層がイマイチこの内容を理解していないことです。したがって、パワハラはどんなケースが当てはまるのかを簡単に説明します。

法的にパワハラに該当するのは、次の６つの種類があります。

●【パワハラ6類型について】

1、身体的な攻撃

殴る、蹴るなどの明らかな暴力はもちろん、書類を丸めて頭を叩いたり、部下（同僚も含む）を従わせる目的で胸ぐらを掴んだりする行為もこれに当たります。

2、精神的な攻撃

パワハラを訴えるなかで最も多いのが精神的な疲弊で、全体のおよそ7割がこのパターンに当てはまります。執拗な侮辱や「辞めてしまえ！」などの言葉の暴力以外にも、同僚の目の前で叱責したり、メールで他の社員も見られる形で暴言を吐いたりする行為も含みます。

3、人間関係の切り離し

業務上の報告を無視する、一人だけ席を切り離して仲間外れにするなど、個人を疎外する行為がこれに当たります。

4、過大な要求

役割に関係のない業務を押し付けたり、能力や経験値を超える過剰なノルマを与えたり、明らかに多い業務量を課す行為などがこれに当たります。「君に期待してるんだよ」と言い精神的な圧をかけて仕事をさせることもこれに該当します。

5、過小な要求

個人の能力に見合わない、過小な仕事をやらせたり、「ミスをした罰だ」と言ってレベルの低い仕事をやらせたりするケースなどがこれに当たります。

6、個の侵害

業務に関係ないプライベートな話を聞き出そうとしたり、管理職などの優位な立場を利用して家庭の事情に過剰に立ち入ったりするケースなどがこれに当たります。有給休暇に許可を与えないこともパワハラに該当します。

2020年の労働局への相談件数は、全部で約130万件にのぼっています。そのなかで民事上の個別労働紛争となったケースは約35万件。最も多い相談は、職場でのいじめや嫌がらせを理由にしたもので、全体の2割以上を占めていました。

暴力などの〝誰が見ても分かる明らかなパワハラ〟だけがトラブルになっているわけではありません。

この6項目と相談件数の多さを見て「まあ、うちは大丈夫だから」と、自信を持って言えますか？

私の耳に入る話では、電気工事や整備士などの業種で「殴られる、蹴られるなんか日常的です」とはよく聞きます。車のディーラーもパワハラが多い職業で、大手企業在籍者においてもパワハラされたと面談でよく名前が挙がってきます。

女性はセクハラに悩む相談者が多いです。実に支援した方の8割がセクハラの被害者です。常習化しているのはシステム開発会社やコンサル業界などで、特にクライアントからされたという被害報告が多いですね。

そもそも暴力や暴言も、異性に対する性的不快感を与える行為も、ハラスメントではなく、犯罪です。会社の中でやっているからハラスメントと呼んでいるだけで、道端でやれば犯罪です。

会社とは、仕事をする場です。仕事以外のことを考える必要はありません。

仕事の指示に、暴力や暴言は不要です。ボディタッチも、見た目に関する会話も、業務時間外の食事の誘いも、仕事には不要です。

不要なことをする暇な社員、それを管理できない会社によってハラスメントは起こります。

気になる方はこれを機会に、自社にモラルの低い社員がいないか、チェックをお勧めします。

第3章

御社は「いい人」がわかっていないから、採用できない

採用における「人材会社」の役割とは？

成果が出ない会社との取引は無駄

日本には、現在2万6000社の人材紹介会社があります。これはセブンイレブンの店舗数よりも多い数です。

多くの人材会社は、何かの業界に特化した斡旋を行っています。たとえば「うちは建設業界が専門です」とか、「うちはIT業界がメインです」といった形です。

弊社の場合は、ひとつの業界に特化せずに全業種を対象にしています。取引先は多岐にわたり、大手総合商社のような財閥系から、各種メーカー、広告代理店、コンサルティング業界、金融、大手ITからベンチャー企業などさまざまです。会社の規模も、社員数万人を抱える大企業から「社長ひとり」のスタートアップまで、広くお付き合いをさせていただいています。

ただ、すべての会社がＯＫというわけではありません。なかにはお断りするケースもあります。我々人材会社も、法律の規制を受けているからです。

人材会社は、高所作業や港湾作業などへの斡旋はできません。トビや大工、船舶に乗り込んで荷物の積み卸しなどは、業務上、命に関わる危険な作業を伴うためです。

また、接待を伴う風俗業への斡旋もＮＧです。

これに加え、「自己申告書」という書類への署名が、２０２０年の職業安定法改正で義務化されております。労働法令遵守、ハラスメント対策などを確約する書類であり、この書類の提出ができない場合、職業紹介事業者から採用することはできません。

さて、「人材会社は何を考えているのか」を理解していない方のために、私たちの事業の構造について触れたいと思います。

まず、人材紹介会社は、「成果報酬型」のビジネスです。つまり「成果が出ない企業」との取引を好みません。

ここでいう成果とは「採用と定着」です。

応募者をしっかりと惹きつけ採用に結びつけるだけでなく、入社後に定着し、活躍することこそ人材会社が求めていることです。

そのために、企業・人材の双方に対し、テキスト情報だけでなく、価値観や思想、あり方や存在意義を深く理解するために、多くの時間をかけていきます。

言い換えれば、「成果が出ない企業」には、推薦はもとより、1分でも時間をかけることは無駄だと思っているのです。

採用企業から「人材会社が紹介してくれない」「的はずれな推薦が多い」という声をよく耳にしますが、能力が高い人材紹介会社は、採用企業を高い水準で審査、厳選しています。

つまり、「御社の採用・組織レベルが基準以下」と判断されているのです。

したがって、なかなか良い結果が出せない場合、新たに人材会社を増やすのではなく、自社の採用や組織について見直すことからはじめ、足元を固めることを行うと、劇的な改善につなげることができます。

当然ですが、法令違反やハラスメントが行われている会社に、ハイレベルな人材会社が斡旋することなどありえないのです。

採用は「好き・嫌い」でできている

採用は、「恋愛や結婚と同じ」です。求人サイトは、婚活マッチングサイトのようにできているといえばイメージしやすいでしょう。

たとえば、婚活サイトを利用するときには、自分の写真や身長などのプロフィールのほかに、趣味や結婚歴、相手に求める条件などを登録します。これは採用でいうと、求職者の経歴や雇用条件のようなものです。

婚活サイトのプロフィールを見れば、だいたいのパーソナリティはわかります。でも、そこに書いてあることが希望にピッタリだったとしても「じゃあ、すぐにでもお付き合いしましょう」とはなりませんよね？

プロフィールだけでは、その人がなぜ婚活サイトを使おうと思ったのか、すぐにでも結婚したくて本気で相手を探しているのか、それとも、ちょっとお付き合いしたい程度なのかなどの背景まではわかりません。

前提として、婚活サイトのプロフィールには、〝いいこと〟しか書かれていません。これは企業の雇用条件も、求職者の経歴も似たようなものです。

仮にプロフィールに正直に書いたとして、離婚歴の理由に「浮気がバレちゃいました」とか、「ブランド品が大好きで散財してしまって、愛想を尽かされました」などと書かれていたら、見る人はどう思うでしょうか？

会う前から、「この人はちょっとカンベンかな」と、対象外になってしまいます。だから、人を探すにはなるべくいいことを書いてアピールしたいという心理が働くのが普通です。

企業が直接募集して人を募る採用の形では、企業も応募者も、なかなか本音がいいにくいのは仕方がないことでしょう。

婚活サイトの場合、相手のことをいいかなと思ったら、まずは挨拶のＤＭを送ります。何度かやり取りをして、お互いに感触がよければ「お茶でもしませんか？」となります。そうして会ってみて「ぜひまた会いたい」と思うこともあれば、「思っていたイメージと違うな」となることもあります。

初対面では緊張して、なかなか素の自分で話せないかもしれません。２回、３回と会うなかで、「最初はいい人と思ったけど、一緒に食事をしたら食べ方が汚くてイヤになった」とか「なんとなくフィーリングが合わない」ということもあります。

プロフィールはあくまできっかけにすぎません。何度も会って話をするうちに、「その人」がだんだんと見えてきます。

採用も、このくらい慎重にできれば成功率は高くなるのですが、企業の採用活動では、一人ひとりにそこまで時間をかけていないのが実情です。そこに、介在価値を発揮するのが人材エージェントです。

人材エージェントは、求職者と何度も面談をして、転職しようと思った理由や、理想的な働き方について聞き出します。

さらに、仕事上の特筆すべき実績やその裏にある苦労、失敗から学び得たこと、休日や余剰時間をどの程度求めるのか、過去の意思決定の変遷、周囲の人間とのコミュニケーションの取り方や関係性、仕事や会社に対する価値観、給与や賞与に対する金銭感覚など、あらゆる角度からヒアリングを行い、それらを踏まえて、もっとも相性がいい企業を紹介します。

このエージェントを介することで、採用企業はいつでも応募者の心理や状況を把握することができ、「面接前に知りたい情報」も手に入れることができます。婚活サイトでいうところの「この人の離婚歴はご主人が亡くなられているので死別です」とか、「早い段階で子どもがほしいそうです」「記念日や誕生日は盛大にお祝いするタイプです」といった情報です。

採用企業は、面接のプロではありませんから、必要ではない質問や選考を行ってしまい、無駄な時間や手間をかけがちです。

能力が高いエージェントを介することで、大幅な工数削減と、深い相互理解を実現でき、結果として確実な採用と、入社後の活躍につなげることができるのです。

企業には「色」がある

人材エージェントが見ているのは、求職者側だけの情報ではありません。企業側の要望をうかがいながら、企業がそれぞれ持つ「色」も把握しています。「色」とは、その会社の思想、信念、理念、信条、倫理観、金銭感覚、存在意義といったものです。

A社にとってはいい人材でも、B社にとってはいい人材ではないということがあります。どんな人をその企業に紹介するに相応しい〝いい人材〟とするかは、現在そこに勤務している方や、元社員の方の話からも情報を集めて見極めています。

たとえば、営業マンで、経歴に「社内で成績トップになりました」と書いてあったとします。〝トップセールスの営業〟といえば聞こえはいいですが、それだけではどんな企業に紹介するかは判断できません。

したがって、経歴をさらに深掘りして「どんなやり方でそれを達成したのか」までうかがいます。

「愚直に頑張りました」という人もいれば、「戦略的にやりました」という人もいます。

なかには「同僚を蹴落としてやってきました」のような人もいるかもしれません。

それに対して企業側には、「こういうやり方をしている人が好きだな」という理想の社員像があります。

「真面目に、愚直にやってくれる人がいい」という企業に、「戦略的にやってきました」という営業マンを紹介しても、いいマッチングにはなりません。

反対に、「数字に強くて頭の回転が速い人がいい」という企業に、「行動量で勝負してきました」という熱血タイプを紹介してもミスマッチです。


同じく社内の教育制度などの環境においても、「うちはスキルアップや教育はしっかりしています」という企業に「教育体制が整っている会社がいい」という人をただ紹介しても、それだけではお互い満足がいく採用とはなりません。

「教育してくれる会社がいい」という人の感覚にも個人差があって、たとえば「毎日ミーティングしてくれない会社はイヤ」という人もいます。そこで「教育はするけど、流石に毎日はミーティングしないよ」という会社もあるわけです。


昇給も、99％の企業は「昇給あり」と書いています。しかし「なかなか給料が上がらない」という職場への不満を抱えている人は非常に多いです。
ここにも企業の感覚に違いがあって、1万円上がれば昇給だよ、という企業もあれば、100万円上げて昇給だよという企業もあります。このように、間に入って、企業の価値観と本人の価値観を理解し、すり合わせ、仮説を立てながら推薦を行っていくのがエージェントの仕事です。

採用企業に対するヒアリングでは、求人内容を聞くというよりは、その会社の「色」を知るために、あらゆる角度から質問を投げかけます。

「すぐに採用したい」と企業はいいますが、人が採用できないのは「自社の色」が言語化できていないからであり、応募者や人材会社の問題だけではありません。

「採用する側が上」という人のヤバさ

危機感ゼロ・思考停止の採用現場

企業は、〝いい人材〟を手に入れるためのサバイバルにあります。ここまで話して、採用に真剣にならなければいけない理由をご理解いただけたと思います。

しかし、この危機に気付いているクライアントは、全体を見てもたった2割ほどしかいないのが実情です。

声を大にして申しあげたいのが、大手といわれる企業ほど人材獲得にあぐらをかいていて、まったく現状を理解できていないという点です。残念ながら、東証プライム上場の日本を代表する企業ほど、典型的な〝ダメ採用〟をしている傾向にあります。

大手やベンチャーにかかわらず〝危機感がない会社〟はいい採用ができていません。

あなたの会社はどうでしょうか？

胸を張って、「いい採用をしている」といえますか？

もし、採用の際に、こんなセリフをお決まりのように使っている担当者がいれば要注意です。

「弊社ならではの志望動機をお話しください」
「うちの会社にどんな貢献ができるかご説明ください」
「弊社が同業他社よりも優れているところを挙げてください」

こうしたセリフは、「自社が人を選ぶ立場にある」と思っているからこそ出てくるセリフです。「うちに入りたい人は多い」、だから、「ふるい落とすのが前提」という採用をいまだにしている企業は、転職市場では、すでに落ち目となっていることに気付いていません。求職者を〝下に見ている〟企業が、いい人材を手に入れることはできません。企業はすでに求職者に選ばれる立場であり、いい人材ほど引く手あまたで、求職者に高圧的な態度の企業を選ばないからです。弊社の取引基準として、「横暴・横柄な採用活動が発覚し、改善に従わない場合には、取引を停止する」というものがあります。

指摘に対して「ああ、はいはい」と言いながら、いつまでも改善しない企業も同様です。

成果が上がらない企業と取引する理由は1つもありませんし、危機感や問題意識のない企業には、成長も発展もないからです。

「優秀な人事」が採用できない理由

人が採用できない企業が行う方法として「優秀な人事を確保する」というものがあります。

ここでいう優秀な人事とはどんな人材でしょうか。よく耳にするのはこんな声です。


「有名企業で多数の人材採用を行ってきた経験を持つ人事」

「ベンチャーの成長に寄与した実績がある採用担当者」


なるほど、たしかにこういう経験を持つ人事がいれば採用がうまくいくかもしれません。

しかし、現実はそうなっていません。優れた手腕を持つ人事がいても、実際にはなかなか採用ができていないのが現状です。


では、なぜ採用ができないのか。

採用とは「経営・現場・人事」の三者が連動して行うものです。

優秀な人事を採用すれば良いという考え方は、人事だけに焦点を当て、採用は人事部の問題と決めつけてしまいます。それにより、この三者の連動が行われなくなってしまうため、採用ができないのです。

成果が上がり、再現性が高く、恒常的な採用が実現できる企業は、この三者の連動が高い水準で行われています。

まずは経営陣が、会社の発展のために自ら行動することをいとわず、採用説明会でプレゼンテーションを行ったり、有能な人材を見つけたら積極的に接点を取りに行っています。現在も発展を続けている企業のほとんどの経営陣は、求人媒体でスカウトメールを自ら送り、一次面接の対応を行っているのです。

そして現場は、採用を人事部任せにするのではなく、必要な人材像のすり合わせを人事部と積極的に行い、どのようにすれば採用が成功するかの協力を惜しみません。主業務の隙間で面接の方法を見直したり、自らの仕事の魅力をわかりやすく言語化したりと、採用の精度向上に取り組みます。

そういった経営と現場の姿を見て、人事部は採用を単なる業務ではなく、自社の発展に関わる重要な業務であると捉え、自分事として全社横断的に業務に取り組んでいくのです。

「優秀な人事がいないから採用ができないんだ」
「要件に沿った人材を連れて来れない人事部がいけない」
「推薦をしても、現場がどうせ落としてしまうんだから仕方がない」

こんなふうに、言い訳ばかりで責任の押し付け合いをしているようでは、採用はできません。

売上向上、コスト削減は全社で取り組むものですよね。

採用も同じです。

全社で取り組んでこそ、よりよい採用の第一歩なのです。

志望動機にこだわる会社の危うさ

「弊社に対する志望度が低いのでお見送りです」こんな理由で判断している会社をお見かけしますが、そのお考え、今すぐ改めてください。

日本には４００万社存在し、その８割が採用を行っている中で、「御社である理由」など応募者が見つけられるわけがありません。

そもそも、応募者が志望動機を形成できない理由は、御社にあります。

採用につながる広報活動もさほど行っていない。

自社のプロモーションやブランディングも中途半端。

商品や製品の強みや特徴を、わかりやすく伝える努力もしていない。

応募者が携わる仕事の面白さも働く魅力も、求人票に記載できていない。

自分の会社のビジョンやバリューが、まったく伝わらないホームページ。


こんな会社に対してどうして志望動機が作れるでしょうか。

自分の会社の落ち度を棚に上げ、応募者の能力不足のせいにしている会社に未来はありません。

まずは自社の個性、強み、価値観、世界観、解決すべき課題などを言語化し、第三者でもわかるようにしっかりと伝えられるようにしましょう。

その上で、応募者や転職エージェントにしっかりと伝えていくことが重要です。よく「カジュアル面談」という自社の紹介だけを行う選考プロセスがありますが、限られた時間の中でしっかりとプレゼンテーションができる能力を習得することが必須なのです。

「うちに興味がある人材を探す」のではありません。

「興味を持ってもらえる会社になること」が正解なのです。

採用企業がエージェントに搾取されやすいのはなぜ？

「人材紹介会社は信用できない！」

「人材会社に搾取された！」

こんな声をよく耳にします。

聞く所、相場が35％の手数料なのに、60％で要求されたケースや、数百万円の高い着手金を要求されたケースがあるようです。

これで結果が出れば良いのでしょうが、大抵の場合結果が伴わず、高い料率の手数料で契約したけど紹介される人材のレベルは変わらなかったり、ひどいケースでは着手金だけ持ち逃げされることもあります。

もちろん人材会社に問題があるわけですが、そもそもなぜこういう契約をしてしまうのか、というところに御社の問題点があるのです。

はっきり申し上げますが、人材紹介会社に高いお金を払っても、採用には何ら影響はありません。

我々人材紹介会社は、求職者とお会いすることにお金はかかりません。したがって、着手金等を支払っていただいても、お会いできる人数が増えることはありません。

また、手数料の料率を増やしても、応募者には特に関係のないお話ですから、御社への志望度が上がることもありません。売上目的のエージェントが懸命に案内はするでしょうが、応募数こそ増えても、活躍できる人材がたくさん採用できることにはつながりません。

手数料が高いからという理由だけで御社の求人情報を案内するエージェントは確かに存在しますが、そのエージェントは売上だけを目的としていますから、ひどいケースではその企業に入社させるために、曲がった情報を求職者に伝え、入社後のトラブルに発展することもあります。

お金だけではありません。

「エンジニアを採用するなら、年収は一千万円は出さないと採れませんよ」

「若い人材は奪い合いなので、面接は1回で終わりにしてください」

「学歴や転職回数は気にせず、どんどん面接しちゃいましょう」

こういう要求を行うエージェントも多数存在します。

もし御社が、こんなエージェントに遭遇したら、このように伝えてください。

「わかった。言った通りにしたらすぐに人材を連れて来れるんだな?」

大抵のエージェントは口ごもります。

求職者から信頼を得ており、企業が求める人材を適切に紹介できるエージェントは、こんな事をしなくてもきちんと紹介を行ってくれます。

能力が高いエージェントは、目先の手数料や着手金など、必要としないからです。

応募者が求める「4つの余裕」

さて、ここで応募者に目を向けてみましょう。

そもそも御社の応募者は、何を求めて転職活動を行っているのでしょうか。

どんな人材でも、どの年代でも、すべての応募者が共通して求める「4つの余裕」というものがあります。言い換えれば、これを提供できれば、採用ができる可能性が飛躍的に上がるということです。

●金銭的余裕

労働の対価はお金です。どんなにキレイゴトを建て並べようが、従業員はお金を求めているのです。この金銭的余裕というのが、まず第一に重要です。誤解していただきたくないのですが、高い年収を出せば良いということではありません。応募者にとって、日々の生活に余裕を持てる金額をしっかり提示することが重要だということです。月30万円の手取りが必要な人材もいれば、子どもが3人で親の介護も必要な人材ならば、一千万円は必要だとなってきます。

金銭的余裕を従業員が持つことができれば、日々の生活に不安を抱えることもなく、日々の仕事に集中もでき、会社で成果を上げてくれることにも繋がります。

●時間的余裕

前述したように、労働時間は法で規制されています。たしかに「働きたくないのに、働かされる」のは問題ですが、「働きたいのに、働けない」のもやはり問題なのです。

応募者にはそれぞれの生活があり、趣味があり、家族がいます。

各々の生活背景を理解し、生活全体の時間的余裕を作り出してあげることで、その会社で長く働くイメージも湧いてくるのです。一律に残業が悪ではありません。目の前で顧客が困っているのに、「定時だから帰れ」ではやりがいも失われます。リモートワークは万能ではありません。雑談や相談は膝を突き合わせたいという人材も多くいるのです。

応募者、つまり未来の従業員に寄り添い、自社の労働環境や人事制度ではどのような生活ができるのか。その応募者が実現したい生活が叶えられるということをしっかり伝えることが重要です。

時間的余裕ができることで、従業員の自己実現が可能になり、職場でもいきいきと働くことができてくるのです。

●身体的余裕

これはつまり「健康」を指します。

人の身体にはそれぞれ違いがあります。

朝型、夜型というのもありますし、ヘルニア持ちで座りっぱなしだと腰が痛くなる、胃腸が弱いのでお酒が苦手、偏頭痛持ちで長時間のパソコン作業はきついという人もいます。

女性においては、毎月の体調変化によって、痛みやストレスと向き合わなくてはいけません。

過重労働が横行し、無秩序な職場環境では、とても長く働くことはできません。

社員が仲が良いのは良いことですが、毎晩飲み会を行っていては身体は持たないのです。

一律にルールを強いるのではなく、それぞれの応募者の健康に配慮がある会社であれば、長期就業のイメージも湧きます。

その実現ができれば、不安なく従業員が勤務でき、会社の利益にも貢献してくれることにもつながるのです。

●精神的余裕

これは「心理的安全性」と読み替えても良いと思います。

仕事において目標はたしかに大切ですが、「未達成だったら怒られる」「失敗したらクビになるかも」という心理状況では、できる仕事もできなくなります。

過度なプレッシャーを受けた従業員は、ミスを隠し、時に人を貶めてでも成果を上げようとしてしまい、結果として会社の重大な損失や損害を引き起こすことになります。

仕事の悩みの相談がしやすい環境であるかどうか、逆境や失敗があっても、極端な評価を下されることはないか。この精神的余裕がある職場であることは、応募者が転職先を決めることにおいて、非常に重要な要素となります。

「金銭的余裕」「時間的余裕」「身体的余裕」「精神的余裕」

この4つは全ての応募者が共通して求めるものです。

もちろん、会社ができることは有限です。御社にできることも限られてくると思います。

だからこそ、できることを明確に、自社で叶えられることは何かということを、それぞれの応募者に対して誠実に伝えることが、良い人材の採用に直結するのです。

本当にいい人材が集まる求人広告とは？

私が求人広告の仕事を行っていた際には、〝求人広告の効果出し〟にこだわっていました。求人広告の原稿は1枠10万円などと金額が決まっていたのですが、広告を出すほうは応募者がゼロでも10万円を払わなければいけないのなら納得できないでしょう。したがって、何としても人を集める広告を作らなければいけませんでした。

その頃の求人枠は、日雇い派遣の仕事が数多く出稿されていて、「軽作業スタッフ募集」という言葉がズラッと並んでいるような状態でした。

「軽作業」だとどれも代わり映えしないし、どんなことをやらされるのかわからないので、応募者を集められません。それに、「軽作業スタッフって書いてあったから応募したら、むちゃくちゃ重い石膏のボードを五枚くらい持たされました」という声もけっこうありました。「それって軽作業じゃなくて重作業だよね？」と突っ込みを入れたくなるような求人も多かったのです。

「軽作業」と書いてあるからその仕事を選んだという人は、思いもしない重作業をやらされれば、もう二度とそのバイトにいかなくなります。求人広告で嘘をつけば、人は定着しないし、仕事をした人は「騙された」という後味の悪さが残るだけです。

そこで私は、出稿主の企業に「具体的にどんな作業をするんですか？」と細かく聞いて原稿を書くようにしました。「軽作業」という言葉を使わず、「カップラーメンのシール貼り」や「時計とベルトの仕分け」など、仕事内容を明確に書くようにしました。

作業の中身が見えるようになると、応募者は「え？ カップラーメンのシールを貼るだけで日給８０００円ももらえるの？ ぜひやりたい！」となり、人が殺到するようになりました。一気に求人効果が上がったのです。

重作業を「軽作業」と表記していた求人も、土木なら土木、重い物を持つなら何を運ぶかまで、きちんと書くようにしました。すると、そこには力自慢の人たちが集まるようになります。広告効果が上がるだけでなく、企業には適した人が集まるようになるので、現場の作業効率もどんどんアップします。

エージェントになった現在でも私は、エンジニアの募集も、ただ「システム開発」と伝えるのではなくて、「何を作るのか」「何のために作るのか」「誰と、どんなふうに作るのか」

まで聞き込みをして求職者に伝えるようにしています。

エンジニアは、モノづくりをしたくてエンジニアになっています。「どんなモノを作るのか」「そのモノは誰を幸せにするのか」といった仕事の意義を説明すれば、モチベーションが上がり「その仕事をやりたい！」というエンジニアが集まってきます。

「この仕事楽ですよ」「簡単な作業で高収入です！」。そんな聞こえがいいだけの言葉を使って人を集めようとするのは逆効果。本当にいい人材を手に入れられる採用の秘訣は、「人を騙さない」「嘘をつかない」ことなのです。

第4章

あなたの会社は存在すべき会社なの？

自社の存在意義と求める人材像との関係性

自社にとっての〝いい人材〟を言語化できていない企業

採用が上手くいかないもうひとつの原因が、「自社にとってのいい人材を、採用担当者が言語化できていない」ことです。

クライアント企業に「誰かいい人いない？」とはよくいわれるセリフなのですが、〝いい人〟の定義は十の求人があれば十通りです。A社にとっていい人が、B社にとってもいい人とならない、とは先にもお話しした通りです。

それでも、いつまでたってもいい採用ができない会社は、ただ「いい人が欲しい」というばかり。「いい人」は、降って湧いてはきません。人材争奪戦を勝ち抜くには、〝攻め〟の姿勢で採りに行かなければいけません。

その第一歩が「自社にとってのいい人はこんな人です」と、明確に言語化することなのです。そのためには、採用担当者が「自社の存在意義をきちんといえるか？」が大切になってきます。

自社の存在意義とは、「自社は社会にどういう価値を提供して、どのようにお金をもらっているか」という部分です。

それを語れなければ、人材会社はおろか、応募者への訴求も叶わず、目に留まる求人票も作れません。

そればかりか、せっかく採用できても人が定着しないのです。

自社の存在意義をいえる採用担当者は、どんな人が自社にとってのいい人なのかきちんと言語化できています。

しかし、自社の存在意義を語れない採用担当者は非常に多いです。

正直に申し上げて、採用担当者がわかっていないのなら、ひいては社員全員がわかっていないのでは？　と疑いたくもなります。「自分はどんな社会的意義がある会社で働いているのか」を理解せずに働いている社員は、社内でいい仕事ができているのでしょうか？

たとえば、自社がシステム開発を請け負う会社だったとして、システム開発を請け負う会社はほかにもたくさんあるわけです。自社と他社との違いを働いている社員がしっかりと説明できなければ、人に「ここでぜひ働きたい」と思わせることは不可能です。

これはけっこう大きな問題なのですが、このような会社にお伝えしたところで、イマイチ理解していただけず、「また人が辞めちゃった」「ねー誰かいい人いない？」と繰り返してばかりいます。

では、それは一体どんなことなのか？

「自社の存在意義」といっても、なにも素晴らしく高尚である必要はありません。

そこで、コンビニを例に挙げて「自店の存在意義」から「自社にとってのいい人」を考えてみたいと思います。


とある街に、一本道を挟んで向かい合った2つのファミリーマートがあります。ひとつは1丁目にあって、もうひとつは2丁目にあります。どちらの店もアルバイトを募集しています。店の住所はほぼ同じで、時給もまったく同じ。どちらの店長も「いい人が欲しい」と思っています。

しかし、これだけなら、応募者からすると「同じファミリーマートだし、どっちでもいい」という見方しかできません。でも、中を覗いてみると、2つの店には違いがあります。

たとえば、1丁目のファミリーマートは、2丁目のファミリーマートより駅から近いので、利用客は駅から流れ込んでくる人がメインです。もっとも忙しい時間帯は通勤・通学時の朝で、昼間はパラパラと人がくる程度です。

一方、2丁目のファミリーマートは、隣接する通りに居酒屋が並んでいるので、忙しい時間帯は夜です。深夜にはときどき酔っ払ったお客さんが来ることもあります。

それぞれの店長がいう「いい人」とは、どんな人でしょうか？

1丁目のファミリーマートは、シフトを組む際は、朝を厚くしなければいけません。欲しいのは朝イチや9時前後に入ってくれる人です。ならば、朝に動ける主婦やパートさんがいいかもね、となります。

2丁目のファミリーマートは、夜が忙しいので、シフトは夜を厚くしなければいけません。しかも酔っ払いが来るとなると、安全面を考慮すれば女性よりは男性のほうがよさそうです。すると、フリーターや独身・単身の学生さん（男性）が好ましいね、となってきます。

「うちはどんな人に利用されているか」「ほかとの違いは何か」は存在意義につながります。存在意義がわかれば、欲しい人物像はこのように浮き彫りになってきます。

募集要項がハッキリすれば、応募する側もそこで働くイメージがぐっと鮮明になってくるので、自分はどっちで働くのが相応しいかを判断できるようになります。

募集要項は〝いい人〟へのラブレターです。受け取る側に「想いが伝わる」募集要項とするには、「あなたが欲しい」を言語化する必要があります。

募集要項は〝餌付け〟ではありません。「とにかくいい人が欲しいから、風呂敷を広げて募集する」「都合が悪い人は落とせばいい」なんて思っているのは、典型的なダメ採用です。

1丁目のファミリーマートでも2丁目のファミリーマートでも、同じ条件だからどっちでもいいという人に、面接で「なんでうちを選んだの？」と聞いてもなにも出てくるはずはありません。「別に、どっちでもいいかなと思ったんですけど」といわれるだけ。

そこで「何だ、君はうちで働く気持ちが足りない」というのは筋違いです。

いつまで待っても〝いい人〟がこないのは、採用担当者のアプローチ手段が間違っているからです。

あなたの会社の〝存在意義〟とはなんなのか？

もうひとつ例を挙げてみましょう。

牛丼チェーンで人気の「吉野家」と「松屋」があります。２つの企業の存在意義にはどんな違いがあるでしょうか？

吉野家は、とにかくオペレーションをしっかり回して、昔から変わらない味をできるだけ早く安く提供することをコンセプトにしています。ターゲット客層は忙しいサラリーマンやおじさんたちです。そこでスタッフに求められるのは、淡々と業務に集中できる能力です。

採用では、オペレーションをきちっと守って、規定量を守り、なおかつスピード感を持って作業できる人がいい、という価値基準になります。

松屋ではどうでしょうか？

松屋は女性やファミリー層もターゲットにしていて、女性ひとりでも入りやすい雰囲気づくりをしていたり、牛丼だけでなく定食メニューを豊富に取り揃えたりするなど工夫をしています。そうすると、スタッフはオペレーションを回せばいいという話ではなくなり、コミュニケーション力があって、元気に接客をしてくれる人が好まれるでしょう。

吉野家と松屋とでは、同じ牛丼チェーンでも存在意義が違うので、そこで評価されるスタッフの価値基準にも違いが出てきます。それに、もし吉野家で、自社の存在意義を共有せずに人を採用すれば、採用された人は、黙々と作業する仕事に面白みを感じられなくて早々に辞めてしまうかもしれません。

「人がすぐ辞めてしまうな」「だったら、ほかの牛丼チェーンよりも時給を高くすればいい」という話ではないのです。

しかし、この根本的な問題に気づかない採用企業は、いつまでたっても解決策を取らず、開口一番に「人がいないんだよねぇ」「人が採れないんだよねぇ」「誰かいい人紹介してよ、エージェントさん」を繰り返すばかり……。

求人票を作るときに、まず最初にやらなければいけないのは「どんな人を採りたいんだっけ？」と考えることではありません。「うちの会社はどんな会社なんだっけ？」から入るのが正解です。

求人票を作っていただくと大抵「じゃあ給料はこのくらいで、こういう能力を持っていて、このくらいの時間働いてくれて、人柄はこんなんで……」という、条件の話ばかりが羅列されています。

どの企業も、それっぽい言葉でそれっぽい求人票を作りあげてきます。たとえば「顧客の経営戦略の改革にコミットメントできる人材」とか、「急成長企業でＩＰＯ直前」とか、「ロジカルで良質なアウトプットができる人求む」のように。

これは条件だけを羅列したメモ書きであって、応募者に明確に情報を伝える求人票ではありません。それよりも、「自社は何のために存在しているのか？」「そもそも、どんな社会的意義があって、誰にどんな価値を提供し、どのように利益を上げているのかというところから考えて欲しいのです。

いい人が御社を選ばないのはなぜ？

人が集まる求人票は、会社のスタンスや在り方が一目瞭然です。

「こんな人が欲しいです。なぜならば、我々はこんな社会的意義を持ってやっているからです」というように、〝なぜならば〟がハッキリと書かれています。

「そんなの考えたこともなかったな」という採用担当者は、さっそく自社を分析してみてください。現在の取引先や今期のテーマなどを確認するだけではなく、開業から現在に至る歴史まで遡って考えてください。

なぜ自社が創設されたのか、創設者は世の中にどんな価値を提供しようと思って創ったのかまで調べましょう。沿革をたどれば、その価値を提供するために、どんな苦労を重ねてきたのかがわかるはずです。

牛丼屋だったら、「お前のところの牛丼は肉が安っぽくて美味しくない」といわれてなかなか繁盛しなかった、のような過去が見えてきます。そこでいい肉を使うようにしたら、利益率が一気に落ちてしまった、人件費を削らなければいけなくなったのでこんな工夫をした、などという苦労がそこには必ずあります。

「この時代はバブルで調子がよかったのか」「この時代はこんな社会情勢で、なかなか売れなかったんだな」「そこでこんな策をとってきたのか」。そんなふうにみていけば、自社と他社の違いがハッキリしてきて、自社の存在意義を語れるようになります。

存在意義とは言い換えれば、個性やアイデンティティです。そこがハッキリ見えてこそ、「こんな人にきて欲しい」という言語化が可能になります。言語化した募集要項を見た応募者は、そこで働く自分をイメージしてやってくるので、結果的に、有意義な面接にもなります。

ただし、〝いいこと〟ばかりを書き連ねれば、せっかく採用した人は辞めてしまいます。いいことだけでなく、悪いことも明らかにしてこそ、本当にいい採用ができます。仕事が大変で辞めていく人が多いのであれば、どんなことが大変なのかも募集要項では伝えるべきです。

たとえば、弊社で人を採用する際には、まず「ディーセントワーク」という社名にどんな意味があるかを説明します。ディーセント・ワークという働き方がいいと思っていること、ディーセント・ワークを世の中に広げたいと思って会社を設立したという経緯や背景を伝えます。また、「弊社が提供する価値は『人や企業が叶えたい事を実現すること』ですので、転職や採用を目的としてはいません」ともお伝えしています。

欲しい人はどんな人かといえば、「人」と「企業」に向き合って、そこに張り付いて考えてくれる人です。そうなれば、求人票にはスキル要件以外の言葉が増えてきます。「条件：人材業界の経験者」とだけ書いてしまえば、もっとも重要なディーセント・ワークという価値基準をすっ飛ばして、「どうも、僕は人材業界の経験者です！」という人だけが集まってきてしまいます。

条件ばかりを羅列してしまいやすいのは、欲しい人を言語化できていないから。だから「人材業界の経験があればとりあえずいいよね」となって、来た人を採ってしまいます。

そうなれば「人」や「企業」に張り付いて考える、という寄り添う気持ちを持たない人が採用されてしまいやすくなります。採用されたほうは、「自分はこの会社にハマらないな」となって辞めたり、活躍できなかったりということが起こります。

「うちは『人』と『企業』に本気で向き合って、ディーセント・ワークを広めたい会社だ」「じゃあ、それができる人ってどういう人だろう?」という順番で考えていけば、的を射た求人票ができるというわけです。


人材会社には、業界経験があればいいという会社もあります。それはそれで構わないのですが、単に人材業界の経験があればいいという会社のなかには、すごく利益主義な会社もあります。

「売上至上主義だから、できることをちゃんとやれる人がいいよね」と思っている会社の存在意義は、「人材紹介で一旗上げようよ」だったり、「売上や利益を上げてでっかい会社にしようよ」だったりします。

そうならそうで、それを分かっている人が採用されればいいのですが、もし、そうじゃないのだとしたら誤った採用となってしまいます。


逆のパターンもあります。会社は「本当は能力がある人が欲しい」と思っているのに、自社の説明会では、何か訳の分からないエモいことや、意識高い系の話ばかりしている会社があります。

本当は、売上をとことん上げたいと思っていて、社員にはゴリゴリ営業して欲しいと思っているのに、「やっぱりイノベーションを意識している人がいいよね」とか、「自分の意思がある人がいいよな」とかいう的外れな話をしてお茶を濁しています。

ホームページにもこれみよがしにそんなキーワードを書き連ねているから、その言葉に惹かれた人は入社してしまいます。

入社した後で、社員は自分の意思なんか発揮させてもらえません。「とりあえずゴリゴリ営業しろ」といわれるだけ。

しかし、自分の意思がある人が、「もっと世の中を良くしたくてここに入った」わけですから、ゴリゴリ営業ばかりさせられると「自分にこの会社はハマらないな」となってしまい、早期退職や休職につながっていってしまうのです。

急成長中の企業「Z」はどんな面接をしているか？

高学歴の応募者を面接で落とした理由

多くの企業はまだ「高学歴を採りたい」「優秀な経歴こそいい人材だ」と思っています。学歴至上主義で人を採用するだけでは、いい結果にはなりません。

いい採用ができている会社は、思考停止状態の人を見抜きます。高学歴などの〝看板〟だけを見て人を採用していません。

弊社から多くの人材を採用いただいているクライアントに、従業員100名ほどで東証プライムに上場したZ社という企業があります。Z社は、これまでになかった新しいサービスを創り、日本のみならずASEANでも展開するなど急成長していて、多くの投資家から熱い視線を浴びている成長企業です。

つい先日、このZ社へ日本でトップクラスの大学を出ていて、経歴も申し分ないエンジニアを紹介しました。しかし結果は意外にも不採用でした。

Z社の採用担当者に不採用の理由を聞くと、こんな答えが返ってきました。

「2回目の面接で、弊社としては少し気になる言葉があったんですよ。『僕、自分で物事を決めるのが苦手で、人に支えてもらわないと不安で不安で仕方がないんですよね』とおっしゃっていたんですね」

Z社の採用担当者は、「うちが緊張させてしまったから、そんな発言になったのでしょうか。」と話していましたが、ここからわかることは、採用担当者は強い当事者意識と問題意識を持っているということです。高圧的でもなく、他責でもありません。

人事・現場・経営がこのスタンスを高い水準で持ち、実行に移し、反省と振り返りを繰り返している良い例と言えます。

同社は難易度が高い20〜30代のエンジニアやコンサルティング業界出身者を高い精度で採用し続け、年間で弊社から15〜20名を安定して採用し、定着させています。

成長企業の採用担当者は「謙虚」

Ｚ社の採用担当者は、自社の存在意義をよく理解しています。欲しい人材も明確に言語化できています。

「弊社は社会の不便さを解決するために、このサービスを創りました」
「経営陣が会社を設立した経緯と、現在に至るまでの沿革をお話しいたします」
「我々は事業を通じて、文化を生み出すために取り組んでいるので、売上や利益だけを価値とは定義していないのです」

こんなふうに、自社の存在意義をきちんと応募者に伝えられています。

社会貢献につながるサービスを創っているとなれば、適した人材は貢献思考が強い人です。Ｚ社との採用ミーティングでは、「我々の創るサービスの価値に共感してくれる人が欲しい」「世の中に対して役立つサービスを創りたいとか、誰かに対して貢献をしたいとか思っている、そういう根っこ・価値観を持っている人が欲しい」といわれました。

さらには、「社会貢献するために自社の従業員が疲弊してはならないので、法令遵守はもちろん、正しく堂々と仕事をすることに重きを置き、誰かが割を食うような仕事の進め方はしません」とも話してくださいました。

　こんなふうにいわれれば、人を紹介する我々としても安心です。


　Z社は上場後も規模がどんどん膨らんで、いまや従業員は200名を超える数となっています。それでも、大量採用はしないというポリシーを貫いています。

「あくまで自社の価値基準にあっている人が欲しいから、大量採用で営利に走るような人がきてはならない。営利に走ってしまえば、自社のサービスは安っぽいECサイトのようになってしまうから」という考えのもとで、いまも採用を行っています。


　Z社の採用にかける熱意は、それだけではありません。面接はひとりにつき、なんと5回も実施しています。

　それでも、その人の価値基準までは面接だけでは分からないと思っていて、面接ではたとえば応募者を食事に誘ってみたり、仕事の実際のシーンを想定したケーススタディをやってみたりと工夫をしています。

　5回の面接も、「お決まりで5回」としている訳ではありません。ならして5回ですが、その5回のうちには、採用担当者や面接官以外の社員と会ってもらって、カジュアルな空気感で、応募者に気軽に働き方などについて質問してもらえるような時間も織り込んでいます。

面接は毎回同じ場所で、同じ状況で繰り返される訳ではありません。それもすべて、その人の価値観を深く知るためです。ですから、Z社に採用された人は、辞めません。

いい採用ができているすべての会社は、共通して「採用担当者の応募者に対する言葉遣いや態度が謙虚」です。

Z社の場合は、最初の面接では、まず30分くらいかけて自社の紹介からします。「今日はお時間をいただいてありがとうございます、本日の面接なんですけど、まずは弊社のことからご説明させていただきますね」のように始まります。

創業の成り立ちから、「こういう想いを持ってやってます」という話まで。一方的に話すのではなく、応募者に「ご質問はありますか？」と投げかけながら話を進めていきます。

間違っても、開口一番に「なぜ弊社を志願したのですか？」などとは聞きません。

応募者に「御社の事業の弱みはなんですか？」と聞かれたら、ムッとするのではなく、「ここが弱みです」「ここはまだ課題です」と、言葉を濁さずにきちんと答えます。上場企業なのに、「うちの会社はまだ未熟です」と話すのです。

Z社の代表は、東証プライム上場となったときの取材で、こんなことをいっていました。

「私たちは上場を目的とした会社ではありません。上場は喜ばしいですが、ひとつの通過点としか思っていません。ですので、これを社内では成功体験みたいに捉えてはいません。株式市場から流入するキャッシュはありますが、それに依存するという経営も考えていません」

お付き合いをしている弊社は内部を知っているので、その言葉に嘘がないことが分かります。ほとんどのベンチャーが上場を目標にしているなかで、なかなか聞けない言葉だなと感動したことを覚えています。

一度、Z社の内定者（仮にCさんとします）と、コミュニケーション上の行き違いが発生してトラブルになりかけたことがありました。

Cさんが内定したのは都内の本社でしたが、「いずれ都外の支社に行ってもらえないかな？」という、Z社側の伺いレベルの話が、「内定後すぐに異動してくれ」という誤ったニュアンスになってCさんに伝わってしまったのです。

不安になったCさんは、「唐突にそんなことをいわれても困ります！」「この会社、本当に大丈夫なんでしょうか？」と私にいってきました。

Z社になぜそうなったのか経緯を聞くと、担当者からはすぐに、次のような返事がきました。

「この度はCさんを不安にさせてしまい、大変申し訳ありません。Cさんがいまお付き合いされている彼女と結婚したいという話も聞いたのに、すぐに異動というような、誤解を招くことをいってしまいました。今回の採用地は東京です。都外に異動という話はありませんし、異動ありきで採用しているわけでもありません。

あくまで東京でご活躍いただいて、そのライフイベントが起こるタイミングで、もし良きタイミングであれば、ほかの支社でも何か重要な役割を担っていただきたいということはあるかもしれませんが、そういうことを念頭に置いて面接しているわけではありません。仕事の内容はお伝えした通り○○です、ミッションは○○○です。最後に、本当にこの度の件は、重ね重ね申し訳ないです」

異動の話は誤解だったことがわかる丁寧な説明と詫びの言葉に、Cさんは安堵していました。担当者はさらに、こう続けました。

「ただ、うちの会社はこういうことはまた起こります。なぜなら私たちは未熟な会社だからです。けれども分かっていただきたいのは、その都度、こんなふうに話し合って決めるっていうことです。誰かが割を食うようなことは、社内では絶対に起こしません。良くも悪くも、そういう環境の会社です。それを踏まえてご決断いただければと思います」

こういわれて、Cさんが断る理由はどこにもありません。もちろん、予定通りZ社に入社しました。

疾病差別をせず「その人」を見て採用する

いい採用ができて〝ちゃんと〟成長している企業は、採用で嘘をつきません。自社を実態より大きく見せることもしないので、そんな会社には、同じように〝ちゃんとした〟人が入っていきます。

以前転職を支援した、ある相談者（仮にDさんとします）は、直前に勤めていた会社でうつ病になって休職した経歴がありました。

残念ながら、採用市場では、疾病を持つ人に対する差別的な風潮は拭えず、内定につながりにくいという現実があります。疾病差別は、労働法ではもちろん禁止されていて、やってはいけないことになっています。

過去にうつ病と診断されて休職しても、医者の診断で完治していれば仕事復帰に差し支えはありません。しかしまだ、理解のない会社が多い世の中です。そのことを知っていたのでしょう、Dさんははじめ、うつ病で休職した経歴を隠していました。

応募先の面接を終え、もう内定が出るよという頃に、Dさんは私に、申し訳なさそうに「隠していてすみません。いまは医師からは治っているといわれたのですが……」と事実を話してきました。

なぜいまになって話す気になったのかと聞けば、「面接先の会社がとてもいい会社だったので、嘘をついたうえでの採用はフェアじゃなくて気がひける」ということでした。したがって「内定が出る前に、採用担当者に正直に伝えたい、企業には、そのうえで自分を採用するかを判断して欲しい」とDさんはいいました。

私は担当者に、Dさんの言葉をそのまま伝えました。どんな答えが返ってくるかとやや心配だったのですが、返事はこうでした。

「それは、前の会社はうつ病になるくらい、ずいぶん大変だったということですね。面接ではＤさんはとても真面目なお人柄に見えたので、悩んでしまうこともきっとあったのでしょう。我々は特に、それを聞いたからといって、Ｄさんに対しての合否は変えません。ただ、どういう経緯で疲れてしまったのかは、最終選考終了前でもいいし、終了後でもいいので、少し聞かせてもらいたいです」

なぜ話を聞きたいのかというと「マネジメントに配慮が必要だから」とのことでした。「配慮するとは、別にうつ病だったから特別扱いする訳じゃなくて、すべての社員には配慮が必要。その配慮すべき事由はそれぞれ違う。腰痛を持っている人もいるし、風邪を引きやすい人もいる。Ｄさんは過去にうつ病だったならそれに対する配慮が必要だから、そのために話を聞かせていただきたい」という理由でした。

胸のつっかえがとれたＤさんは、この返答に喜んで、もちろんこの会社に入りました。いまはマネージャーとして社内で大活躍しています。

能力を活かせるか活かせないかは、職場の環境が大きいです。結局、人が人をおかしくもさせるし、人が人を活かしもできるということです。だから、会社も人が変わらないと、求めるいい人は入ってこないのです。

いい採用ができていない会社は、採用に関してトラブルが起きると、こちらの話を聞くより先に「うちはちゃんといいましたよ！」といってきます。採用の条件が守られていないことにクレームが出ているといいかえれば、いかにも「なんかごちゃごちゃいってきて面倒だな」といいたげな対応をされます。

もっと酷いケースでは、人材会社に責任転嫁してきます。「そんなの、人材会社のほうでうまく伝えておいてくださいよ」といわれさえします。そういわれれば、私は紹介者に、「人材会社でなんとかしてくれ、という対応だったけど、どうしますか？」とそのまま伝えるようにしています。

そういわれれば、紹介者は当然「その会社にはもう行きません」となります。

従業員を大切にしない会社は発展しません。したがって弊社でさらに人を紹介することもなくなります。

採用に成功する企業だけが発展する

人も企業も、必要なのは強い危機感

ここで、冒頭でお話しした「ディーセント・ワーク」というキーワードを思い出していただきたいと思います。ディーセント・ワークとは、「働きがいのある人間らしい仕事」だとお伝えしました。

ディーセント・ワークを実現できる会社や、実現できる人はどういう人なのかといわれれば、まず大前提は危機感がある会社や人です。

危機感があるとは、いま上手くいってない現実を認識していて「そこを何とかしたい」「より良くしたい」と思っていることです。

危機感のある会社は、より良くするためには働く人に協力してもらわないといけないと思っています。ならば「働く人が頑張れる仕組みを作ろう」「働く人たちが居着く職場を作ろう」と考えています。

危機感がある人は「○○かもしれない」と思っている人たちです。

「いまやっていることが、いずれ上手くいかなくなるかもしれない」
「いま上手くいっているのも、たまたまなのかもしれない」
「いまいる会社が倒産しちゃうかもしれない」
「もしかしたら、私は数年先に転職できなくなっちゃうかもしれない」

そう思っている人たちは大丈夫です。

問題なのは「こうだろう」と思っている人たちです。
「うまくいくだろう」とか「潰れないだろう」とか、「給料がやがて上がるだろう」とか思っている人たちは危機感がありません。どこかの段階で思考がストップしています。

常に危機感を持っている人たちは、〝現状の課題意識〟が強い訳ですから、成長と発展を繰り返して、より良くなっていきます。

危機感のない会社は消滅するのみ

企業がそうであるように、相談者も人材会社を選びます。

よく相談者から「ディーセントワークさんって、クライアント数はどれくらいですか?」という質問を受けます。「求人の数が多い人材会社と付き合いたい」という転職希望者は多いです。

答えとしては、「それでいうと、うちは残念ながらクライアントの数は少ないです。紹介できる求人はかなり限定されます」となります。「なぜですか?」「やっぱり、小さい会社だからですか?」と返されることがありますが、そういう訳ではありません。

弊社は、取引している会社の数が多いからいい、という単純な考えを持っていません。だって、いい採用ができている会社は現状でたった3割しかないのですから。

ただし、できることに対する明確な価値は提供するので、相談者にはそれを踏まえて検討してください、というようにしています。

人材会社は日本に2万6000社もあるので、うちでなくても構いません。求人サイトを使っても良いと思います。

しかし「危機感だけは持ってください」「自分を安売りしないでください」「自分なら絶対に上手くいくとも思わないでください」とはお伝えしています。

もし、人材会社選びを間違えて、キャリアカーストの下層から抜け出せなくなってしまえば、我々ではどうしようもなくなります。支援を拒むといっているのではなくて、手助けしたくてもできなくなるのです。

なぜなら、弊社のクライアントは危機感が強い会社ばかりだからです。

弊社の主な取引先は「会社の継続と発展」だけではなく、「働く人の継続と発展」も考えた採用をしています。いい採用をすれば、その人は会社の成長に貢献してくれると理解しているからです。

重ねていいますが、いい人材とは危機感のある人です。いい会社とは、危機感のある会社です。危機感の強い会社に危機感の強い人が入ると、化学反応で会社が発展します。学歴や社格や年収で人を測れないのと一緒で、その会社の売上だの資本金だの会社の規模だの上場だの非上場だのでは、会社の善し悪しは測れません。

「最速で上場を目指そう！」

「とにかく働いて、バンバン物を売ってお金を稼ごう」

「この業界でトップになるんだ」

これらが悪い事ではありません。

しかしそれだけのために会社を運営し人を過剰に働かせ、疲れて辞めていく人たちの声には耳を傾けない。そんなやり方が本当に〝世のため人のため〟になっているのでしょうか？

いま一度、価値観を見直さなければいけない時期に差し掛かっているような気がします。大きな利益を挙げることは素晴らしいことですが、必ずしも、利益を最優先しなくてもいいと思います。すごい大企業になるばかりがいいとはいえません。中小零細のままでも構わないのです。世の中にインパクトを与える仕事ばかりが素晴らしいわけでもありません。

とにかく、働いている人を不幸にしない会社がもっと増えるべきです。心配しなくても、いい人材を手に入れられれば、その人は会社の成長にちゃんと貢献してくれます。まずは経営者は最低限、法律だけは守ってください。従業員に対して高い給料を払えなくても、できる範囲で従業員に還元する努力をしてください。そして〝正しく〟成長してください。

いい採用をしたいなら、危機感を持ってどこまでも考え抜くことです。これしか道はありません。

「人が採れないのはなんでだろう？」と思うことに対して、何かアプローチをするとか、社内でブレストをするとかっていう行動を起こさないのなら、その会社に手の施しようはありません。状況は好転することなくずっとそのまま。現状維持ではありません。労働者不足の問題を踏まえれば、ますます悪くなっていくのはほぼ確実。人を採用できなくなれば、会社は潰れるのみです。

この本を読んで、「そりゃあそうだけどさ、でも実際は難しいよねえ」などと思うなら、ここで本を閉じていただいて構いません。危機感のない会社が消滅しても、弊社はもちろん、世の中は困りません。

ただ、潰れる会社の社員は大変です。採用担当者自身が「そもそも、なんで自分はこの会社に入ったんだっけ？」と考えてもいい答えが見つからないようなら、すでに会社は傾いています。採用担当者ご自身が、転職を考えたほうが無難かもしれません。

まずは採用担当が圧倒的な危機感を持つ

成長している企業は、「働き方を変えなきゃいけないよな」とか、「やっぱり生産性を高くしなきゃいけないよな」と思っているし、具体的な方法論もすでに持っています。だからある程度、継続と発展というのは見込める状況にはなっているのですが、採用においてはまだ十分でない不備も見られます。

したがって、そんな企業には適宜、「面接はもっとこうすればいいですよ」とか、「こんなことにもう少し、気を遣っていただくといいですよ」などと助言させていただいております。すると、危機感が強い会社ですから、「そうですか、分かりました、そうします」と素直に意見を受け入れてくださいます。

むしろ、そういった会社は「こういうアイディアはどうですか？」「こんなことをやってみたら、高橋さんはどう思いますか？」と採用担当者が前のめりに聞いてくるほうが多いです。

たとえば面接が終わった後に、最終選考が終わって内定を出すという場面では、内定者が内定を承諾してくれるかどうかという瀬戸際になります。そこで、「本人はほかの会社でも内定をとっている」というケースも少なくありません。

しかしこの会社は、何としてもこの人に来てもらいたいと考えている。そんなときには、採用担当者から「この人は弊社の何を不安がっているんですか？」「この人がいま不透明だと感じているところはどこですか？」「弊社に対する気掛かりなことを何かいってませんか？」のように尋ねられます。

その際は、「本人はこういうことを気にしてますよ」「二次面接の際に〝うちは新しいことを覚えるので大変だよ"っていわれて少し不安になっていますね」というような内定者の本音を、ありのままお伝えしています。

採用に積極的な採用担当者は、そういうと「分かりました、その不安を払拭できるように、現場で働くご本人と近いバックグラウンドを持つ同僚がいますので、顔合わせをセッティングします」のように、すぐに行動に移しています。受け身な姿勢ではありません。

人事担当や採用担当は、会社にとって「いい採用」をするのが仕事です。

「現場があまり教えてくれないので、どんな問題があるかわからないんですよね」のようにいわれることもありますが、それなら人事担当者など不要です。

現場の社員は採用のプロではありません。システム開発をしている人はシステム開発のプロであって、その責任者は開発部門の責任者なんですから、採用のことなんかはわかるはずもありません。

だから人事担当がいるし、採用担当がいるのです。採用した人が社内でどんな働き方をしているのか、現場が逐一教えてくれるのであれば、人事担当なんて必要ありません。

もちろん、採用が上手くいかないのは採用担当者ばかりの責任ではなくて、最たる責任は経営者にあります。しかし、採用担当者がまずは現状をしっかり受け止めて理解し、危機感を持たなければいけないのです。

第5章

採用は終わりではない。始まりだ

離職率が多い企業の盲点

辞めるのは〝会社に裏切られた〟から

離職率の高さに悩んでいる会社は少なくありません。

勤め先を辞める理由は人によってさまざまですが、すべての人にほぼ共通していえることとは、「働く人が会社を信用できなくなったから辞めている」ということです。

離職率が高い会社は、いい人から先に辞めています。辞める人は危機感が強い人です。「この会社にいたらダメだ」「発展しないから成長しない」「自分も雇い潰されてしまうかもしれない」と考えているから、早々に「いち抜けた」と辞めてしまいます。

いい人材にはほかにも道がたくさんあります。「いつまでたっても昇給できないのはなぜかな?」「ポジションがずっと変わらないのはなぜかな?」と思っていれば工夫をするし、自分は能力が低いと思っているなら自己研鑽に励みます。

そこで、自分の所属している会社の方針が見えなくなったり、成長イメージを持てなくなったりすれば、「あれ？　なんかおかしいぞ」と思って辞めていきます。

ダメな採用は、採用市場では毎日起きています。それを「続かないのは根性がないから」とか「頑張る気持ちがないから辞めた」とかいう精神論にすり替えてはいけません。

従業員は基本的に、会社を信頼しているからこそ、そこで働いています。

「昇給させます！　有給も取らせます！　残業はさせません！」そんな言葉を信じて入社したのに、働きはじめるとやがて会社の嘘に気付きはじめます。

「給料が30万円ですっていったのに、25万円だった」とか、「残業がないっていったのにあった」とか、「仕事を教えるっていったのに教えてくれなかった」とか。それは全部、採用段階の約束違反。そんな裏切り行為があれば、従業員は去って行きます。

離職者の本音を会社側に伝えると、「うちも売上が減っていて厳しいですから」とか、「やることがいっぱいで忙しいんですよ」とか言われます。二言目には「だってしょうがないじゃない」です。

どんな理由があれ、約束を守れないことに対して「しょうがない」は通用しません。〝約束は守るもの〟とは、幼稚園で習うレベルのモラルです。

それに、約束を守れそうにないのなら、守れるように何とかするのが経営者の仕事のはずです。ですから「しょうがない」は、言い訳として成り立ちません。

「働く側だって〝仕事ができる〟っていったけどできなかったじゃない」や、「営業ができるっていったのに、できなかったんです」ともよく聞きます。そして会社も「社員に裏切られた」と言っているのですが、どんな人を採用するか決めるのも、最終的には経営者の責任です。

雇うほうの見る目がなかったのに、働く側に責任を押し付けてはいけません。任命責任というものがあります。面接もスカウトメールも、従業員に任せきりの経営者がそんなことをいっていいはずはありません。


数百人規模の会社でも、最終面接は絶対に自分がやるといっている経営者はいます。裏切るのは働く側ではなく雇う側です。「いつまでたっても出世できない部下がいる」のは、そこに「出世させられない上司がいる」のです。部下が勝手にやった、なんていうのは認められない言い分です。

「君は部長なんだろう、だから部の責任は部長が取れ」、それはその通りです。だけど、そのセリフを言っていいのは社長じゃなく、部下たちです。

「部長、この仕事の責任は部長にあるんだから、何とかしてくださいよ」っていうのは部下たち。その上に立っている社の長である社長が言ってはいけません。

離職率を下げるたったひとつの切り札

話を戻しましょう。では、離職率を下げるには何をすればいいのか？

人が辞めないような評価制度を作ろう、テクノロジーを用いて新しい仕組みを作ろうと、どの会社も一生懸命なのはいいのですが、仕組みをリニューアルしたところで、従業員の満足度が上がるかというとそんな短絡的な話ではありません。

たとえば、昔ながらの会社でＤＸ化を進めるとか、勤怠管理をアプリケーションにするとかいう取り組みはよく見かけますが、それは今の時代の潮流にあったポジションをとっているだけなので、離職率の低下に直接つながる訳ではありません。

最近、「ジョブ型雇用」だなんだ、という声もよく耳にします。「時代に合わせて変わらなきゃ！」「だって国外企業の勢いが凄いんです」と言って、人事制度も変えているのですが、「どう変えたんですか？」と聞けば、「年に２回はあげている定率の賞与を廃止して、年に１回の賞与制度に切り替えました。支給割合は０％から２００％で推移します」というトンチンカンな変更だったりします。

新しい制度や仕組みを取り入れる際に大切な視点は、その仕組みが「人」を生かす仕組みになっているかどうかです。そこを取り違えないようにしてください。

人はモノではありません。モノなら仕組みを作って流せばＯＫ。だけど人は、仕組みを作ったからといって、その中で思い通りに動いてはくれません。

「従業員の満足度を上げるために、福祉制度の充実や産休、育休、パートタイムなどの制度を取り入れました」とただ言うだけで、実際には機能していないパターンもよく見かけます。

たとえば、会社の言う通りに制度を利用した人が、社内で〝石を投げられる〟ことがあります。「パートの人に大切な仕事は任せられない」とか、「男が育休なんて、サボっているみたいなもんだよな」とか陰口を言われれば、その従業員はやはり辞めてしまいます。

離職率を下げるための本当の課題は「経営者と従業員の想いのギャップを埋めること」にあります。この努力を放棄して、表面的な仕組みのリニューアルに躍起になっても、根本的な解決にはならないでしょう。

従業員が会社に裏切られたと感じて辞めてしまう、従業員が自社の存在意義を語れないからいい採用ができないという原因は、経営者が従業員に想いを伝える努力を怠っているからです。したがって、ここに着手するしかありません。

たとえば、従業員が社長に会ったことがないという会社があります。自社の社長はどんな存在なのかと聞くと、テレビでしか見ないタレントみたいな存在になっていたり、社員全員に向けてたまにメールをくれるだけの人になっていたりします。その会社で働いていても「社長はテレビで見る人」なのであれば、従業員は社長と一緒に共闘している人ではなく、テレビの前の視聴者とほとんど変わりありません。社の長たる人が、「新入社員に会ったことがないし、名前も知らない。社員は1万人もいるんだから、それは無理もないよ」と言っていれば、従業員との信頼関係を育めるはずもありません。

それはクラスの担任が「生徒の数が多いから名前なんていちいち覚えていられませんよ」と言っているのと同じです。信頼関係を築かなければいい教育はできません。

とある上場企業社長は、必ず月に一度はそれぞれの地方拠点のオフィスに行くようにしていました。関東圏にある本社だけでなく関西の支部にも行って、フロアーを歩いて、一人ひとりに「お疲れさん」と声をかけて回るようにしていました。それだけでも随分、社内の空気は変わります。

「従業員が多いし、支社も遠いから無理」と最初から諦めるのではなくて、行動しようとしたかどうかが問題です。いまやオンライン化によって〝距離〟がそれをできない理由にはならない時代です。そこで、「忙しいから無理」というのも言い訳にしかならないでしょう。

会社の存在意義は、創設者のポリシーだったり、アイデンティティだったり、将来のビジョンから生まれたものだったりします。「達成すべき目標はこれです」「あなたはこれをしてください」と上から降りてくるばかりで、「それって誰がいっているの?」と分からなければ、従業員のモチベーションは上がりません。

言われるままに動かされているだけでは、「一体、誰の会社で、なんのために働いているんだっけ?」と分からなくなるのがオチです。

従業員に〝想いを伝える努力〟をしているか?

ちなみに弊社の場合は、社員全員がリモートワークなので毎日対面しない分、意思疎通に齟齬が生じないよう日頃から工夫をしています。

工夫のひとつとして、私がクライアントとやり取りするメールを社員のエージェント全員が見られるようにしています。転職を支援できたときには、その成功例を必ず共有するようにもしています。

「●月●日、いくらでこんな方を、こんな企業に紹介できました」ということだけではなくて、面談した求職者に関するコメントも必ず書きます。

たとえば、「この人は2人の子どもを持つママさんで、面談では現在の職場は残業が多くてつらいと言っていました。子どもが多感な時期だからできるだけ側にいたいけど、それが叶わないので転職を希望していました。じゃあ、この会社だったら叶うよね、ということで○○社を紹介しました」のようなコメントです。

それを見た社員は、「うちはこういう仕事をやればいいんだな」という〝やり方〟がわかるようになります。「自社はどういうスタンスで面談をして、どんなマッチングをしているか」が明瞭になるので、自分の頭で考えて主体的に動いてくれるようになります。

成功例だけじゃなく、トラブルとなった取引も同じように共有しています。

たとえばある日、紹介先の会社の担当者から、こんなクレームを受けたことがありました。

「選考に落ちた理由を応募者本人にそのまま伝えないでください。こっちは御社の推薦の精度を上げるために、採用を見送った理由を率直に申し上げているのであって、本人に伝わることを想定していません」

私が応募者に伝えたのは、「ほかの候補者と比較した結果、ほかの人のほうがフィットしていたようで、今回は不採用となりました。ごめんなさい」という内容でした。その何が悪かったのかが分からなかったので、こう返答しました。

「何が問題なのでしょう？　弊社では、選考に落ちた際はその理由を伝えることにしていて、事実を捻じ曲げたり曲解する言い回しをしたりはしないようにしています」

さらに知るところでは、その担当者が弊社で落選者に伝えた内諭を知ったのは、弊社を排除した別のルートからその人と接点を持っていたからでした。これは、選考上のルール違反で、いわゆるオーナーシップというものに抵触します。

違反していながら詫びもなく、あたかも弊社が悪かったかのように言われるのは納得がいきません。

「もし、不採用の理由を言わないでというのが企業様の依頼であったとしても、弊社ではできません。『伝え方に配慮して欲しい』ということでしたら、配慮が必要な選考結果を我々に送らないでください」

こちらが折れるわけにはいかないので、弊社の言い分も伝えて、毅然とした態度をとりました。

こうした経営者の姿勢を日頃から社員に見てもらっていれば、もし似たようなケースがあったときに、「うちの社長なら、おそらくこんな対応をするな」と判断がしやすくなります。そのおかげか、弊社では社員が間違った対応をしてしまうこともほとんどありません。社員は辞めませんし、採用すれば全員社内で活躍してくれています。

また弊社では、社員にノルマを課せないようにしています。案件をどんどん回してノルマを達成するやり方をとれば、従業員は仕事に追われて疲弊してしまいます。

自社でディーセント・ワークを実現できていないのに「世の中にそれを広めろ！」と言われれば、社員はやがて「私って一体、何のためにこれをやっているんだっけ？」と目的を見失ってしまいます。

離職率の低下のためにまず取り組むべきは、新しい体制や仕組み作りに躍起になるより、

「経営者と社員の想いのギャップを埋める」ための努力です。

〝人を生かす仕組み〟とはどんなものか？

タレントシステムを導入せよ

新しい仕組みや制度を導入するに当たっては、その仕組みや制度のなかで人を動かそうとするのではなく、人がその仕組みや制度を使いこなして良くなっていく〝ミクロの視点〟が重要です。

会社が大きくなればなるほど、経営者は数値化された結果だけを見るようになります。「うちの会社は従業員５００人で、２００億を売り上げているよね。じゃあ、４００億売り上げるためにはどうしたらいいか？」のように。

つまり、それはマクロの視点です。しかし、その売り上げは、社員の誰かが１０００万円の売り上げを積み重ねた結果であり、社内の各部署が努力をして１億円を積み重ね、結果として２００億となったのです。

会社のトップ層はマクロでものを見ていますが、社員一人ひとりはミクロ、すなわち自分の仕事単位で見ています。そこの目線が合わなければ、新しい仕組みもいい舵取りとはなりにくいです。

テクノロジーを活用するのは人です。たとえば新しいシステムを発注するに当たって、従業員一人ひとりの顔まで見られるシステムを作ってと言うのか、それとも、結果と成果だけわかるシステムを作ってと言うのかは大きな違いです。

後者を選ぶ人が多いのですが、後者を選べば、従業員の顔は見えなくなってしまいます。

従業員の顔が見えるシステムのひとつに、「タレントマネジメントシステム」というものがあります。タレントマネジメントシステムというのは、社内で共有するFacebookのようなものです。

名前と役割、顔の画像が登録できる個人ページに、過去の仕事の結果や成果のほか、現在取り組んでいる仕事の内容や、趣味などの人柄がわかるプライベートな情報も登録できるようになっています。

経営者層や人事担当者は社員名簿を見たって、どんな人がどんなふうに働いているかは分からないのですから、タレントマネジメントシステムはそこを可視化するために非常に有効なツールです。このツールを使えば、社員一人ひとりにメールを送って激励もできるようになります。

「社員1万人の顔と名前を覚えるのは無理だ」と思うなら、テクノロジーを駆使してそれができるようなやり方を模索してみてください。従業員との信頼関係を育むにおいては、社員１００人でも社員10万人でも経営者がやることは同じです。

経営者層はそのツールを使って、毎日10人ずつ社員にメールを送れば、ざっくり計算しても1年間で２４００人、２年間で４８００人、３年間で７２００人と直接コミュニケーションがとれます。社長から直接メールをもらった従業員にとって、「うちの社長はテレビで観るだけのタレントのような人」にはならないでしょう。

また、「離職率が高いからなんとかしなきゃいけない」という会議を経営者が考えず、人事部だけでやっているとすれば、それは〝会議のための会議〟です。営業現場と人事部では、同じ会社にいても見ている自社の姿が違います。

人事部がどんなに机上で議論して「働き方を変えよう」と言っても、現場のマネージャーは、「ふざけんなこの野郎！」と思うだけ。現場は本気で動いてはくれません。

文中では何度もお伝えしていますが、「経営・現場・人事」の連動こそが何よりも重要なのです。

残業を減らすことに意識を向けたＩＴコンサルティング会社の成功事例

さて、ここでいくつかの成功事例をお伝えしていきます。

弊社の取引先に、社員20人から２５０人に急成長したＩＴコンサルティング会社があります。コンサル業界は離職率が15％程度と、他の業界と比較しても高い水準にあります。

離職者が多い理由としては、「人を定着させる意識の欠如」「業界慣習として転職ありき」「ハードワークこそがプロ意識」といった業界特有の問題があります。

しかし、このコンサルティングファームは逆の思考で会社を設立しました。

「コンサルティングファームは誰が価値をもたらしているのかといえば『人』だ。コンサルタントという『人』が価値をもたらしてお金を産んでいる。ならば、そのコンサルタントが長く働いてくれることによってナレッジやノウハウができ上がり、その会社を強くしていくっていうのが、本来あるべきコンサル会社の姿なんじゃないか？」

そう考えて、「人が辞めないコンサル会社を創ろう」と創業しました。

同社はその実現のために、過重労働の理由となってしまう「営業活動」をコンサルタントではなく、別チームに切り出して、仕事の負担を分散させました。

これにより、多くの業務を兼務することがなくなり、プロジェクトの安定稼働と残業時間の削減に成功しました。

さらに、客先に常駐することで帰属意識やチームワークが薄くなってしまうコンサルタントの業務特性を把握し、社内での情報共有や全体ミーティングを定期的に実施しました。パートナーと呼ばれる先輩社員が、新入社員をフォローする制度を設けたり、豊富な経験者も若手もスキルアップが可能なカリキュラムを独自に作成したりと、「長く働く環境」を常に意識し続け、足元を固めることに尽力し続けました。

その結果、組織として一体感が生まれ、高い期待値を寄せられるコンサルティング業務で、逆境にあっても互いが協力し合う風土となり、社員同士が思いやりを持つこととなりました。残業時間を減らしたことで社員には余剰時間ができ、日々充実した生活をすることで活き活きとクライアント先で仕事をします。やりがいと思いやりを持つ社員達は、自社のカリキュラムを駆使して自発的にスキルアップにも取り組みました。

「スキルだけではなく、人間力も併せ持ったコンサルタント集団」

これが同社の強みとなりました。

採用においても、同業界での転職を嫌うコンサルティング経験者も、「この会社だったら入っても良いと思える」と感じることとなり、難易度の高い業界経験者の採用にも多数成功しています。

組織や働き方によって成功した、素晴らしい事例の一つです。

大企業でありながら大規模な働き方改革を行ったＨＲサービス企業

こちらも弊社のクライアントです。

ＨＲサービスを中心に、地方活性化や経営コンサルティング、各種テクノロジーサービスを提供する、雇用のプラットフォームサービスを行う業界大手の企業です。時価総額も数千億円規模でプライム市場に上場済、社歴も長い会社ですから、一般的にはスピード感がある会社というイメージは持たれません。

しかし、同社はコロナ禍で真っ只中の２０２０年に全従業員のリモートワーク化を速やかに実施しました。多くの大手企業が思い切った動きができない中での英断です。それに伴い、特に採用が難しいとされる専門技術者に対して、地方在住者のフルリモートワーク採用にも取り組みはじめました。北海道や九州で働く人材に対してアプローチすることが可能になったのです。

これにより、多くのエンジニアやクリエイター、データサイエンティストの採用に成功することができました。この採用に成功した事で、社内のＤＸ化が急速に進みます。営業やコーポレートの業務効率化が進み、さらに社内の生産効率が向上。全社で残業時間が減りつつも、生産性は維持・向上され、従業員が働きやすい環境がますます整備されていったのです。

何より、この企業の最大のポイントは「自分達はまだできることがある」「まだ足りていない」と思っているところです。大企業でありながら、経営・現場・人事が同じ水準で強い問題意識と危機感を持っています。私から人事担当者に「責任者とミーティングがしたい」と言うと、速やかにセッティングされます。内定者が出れば、細かな情報共有とネクストアクションを実行し、機会損失を起こさない様に取り組みます。人材会社任せには絶対にしません。面接も謙虚で、応募者からは「大手企業とは思えない面接だった」とさえ言われます。

事実、同社には様々な働きやすい人事制度が多数存在します。

その一つがマンスリーフレックス制度で、１日の労働時間のフレキシビリティを上げ、ワーキングマザーでもフルタイム勤務できる状況を作り出しています。休暇制度も充実しており、育休産休、介護休暇だけでなく、留学、資格取得、趣味や余暇、不妊治療や透析、社会貢献や被災地支援でも取得できる制度があります。社内異動も活発で、自らの希望で望んだ部署に異動することも可能です。

給与制度においても、昇給率や中途採用の提示年収が高くなるように改善しました。

ここまで整備していても、同社の働き方改革は今もなお止まっていません。

こういった会社には、やはり多くの人材が集まります。

数年前にはエントリーがなかった、目を見張る様な能力を持つ人材が次々と同社に入社したのです。

通常の労働時間制度

フレックスタイム制（イメージ）

※フレキシブルタイムやコアタイムは必ずしも設けなければならないものではありません。コアタイムを設定しないことによって、労働者が働く日も自由に選択できるようにすることも可能です。また、フレキシブルタイムの途中で中抜けするなどといったことも可能です。

外資系戦略系コンサルティングファーム出身者、大手ゲーム会社の開発マネージャー、高い開発力を有したアプリケーションエンジニア、博士号を持ったデータサイエンティスト、同業界での営業経験者に、熟練したデジタルマーケティング人材…。

2022年、売上高は1兆円を超え、全部門の増収と過去最高益を叩き出しました。

これは必然と言えるのではないでしょうか。

フレックスタイム制の精算期間延長のイメージ

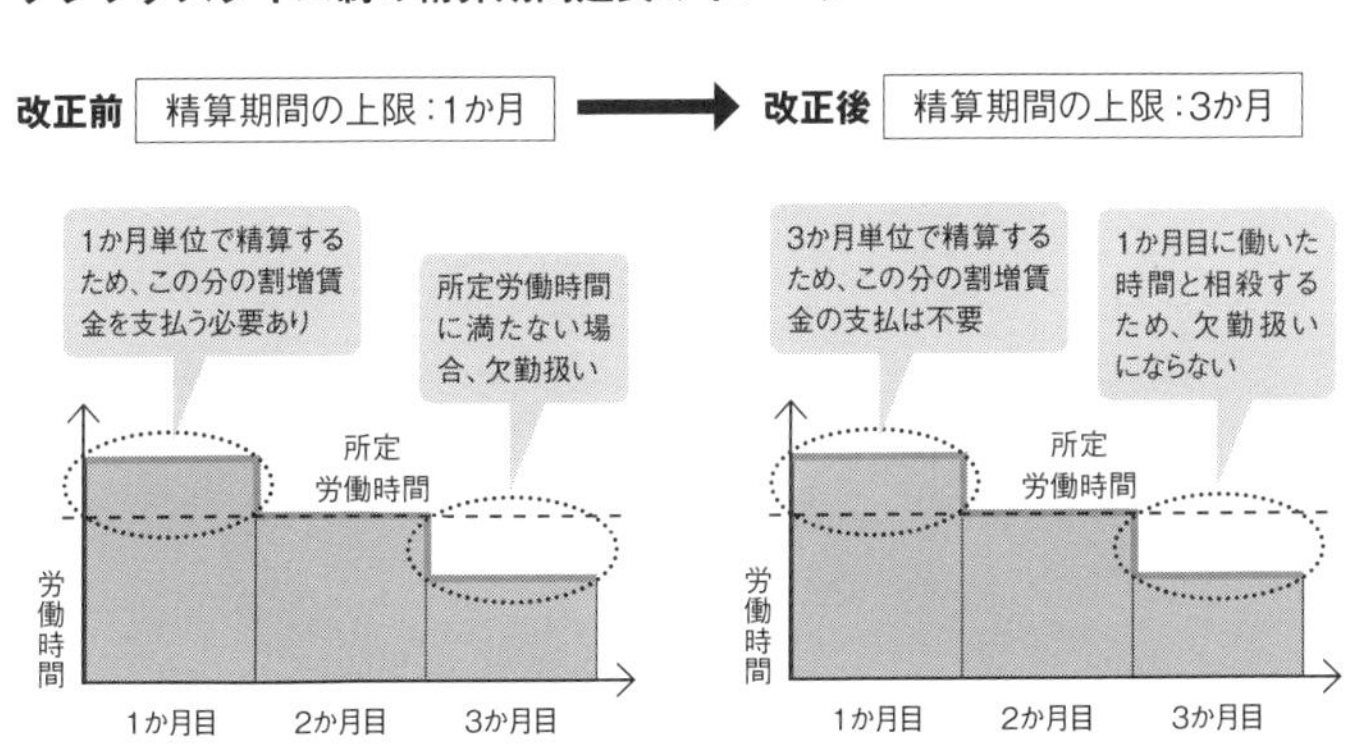

いま変われない企業は一生変われない

法を遵守し、命を守れ

滅私奉公の美徳がある日本では長らく、「プライベートより仕事を優先するのは当たり前」や「上司よりも先に帰るのはご法度」のような独特の文化が社内に根付いてきました。そのせいか、日本はかねてより〝長時間労働の国〟といわれてきました。

問題は、長時間労働の国であるにもかかわらず、労働生産性が諸外国に比べて低いことです。２０２０年、日本の労働生産性は、ＯＥＣＤ（経済協力開発機構※国際経済全般について協議することを目的とした国際機関）加盟の38カ国中、23位でした。これは先進国で最下位なばかりか平均値をも下回っています。

かつてはモノ作り大国として世界に名を馳せた日本。同じモノ作り大国ドイツとはしばしば比較されますが、残念ながらここ数十年の間に、労働生産性においては大きく差をつけられてしまいました。

ドイツは日本よりも圧倒的に労働生産性が高く、年間労働時間は日本よりも３５０時間も短いというデータがあります。

「ワーク・ライフ・バランス」を重視するドイツでは、労働はあくまでも生活の糧を得る手段だと誰もが割り切っています。したがってドイツ人は、基本的に残業をしません。

仕事に当たる際は、効率よく最小の手間で最大の成果を上げることを得意としています。そのため上司への忖度を必要としないばかりか、無駄な仕事を上司が強いることもありません。

仮に経営者が従業員に残業を強要した場合、罰金や禁錮刑などの厳しい罰則が科せられます。欧州各国では、ランチにゆったりと時間をかけたり、夏にはバカンスを楽しんだりできるのが普通です。それでも、高い労働生産性をキープしています。

日本では生産性を高めようとすれば、上司からたくさん仕事が降ってきて業務量が増えます。業務量の増加に伴って残業が発生するので、結局、利益率が下がり労働生産性は上がりません。

日本人は勤勉さが持ち味です。それなのに「懸命に働いているのに儲けが少ない」と言う沼から抜け出せなくなっています。

日本は決して貧しい国ではないのですから、業務請負の効率化を図るための根本的な改善に真剣に取り組めば、生産性は上がり従業員の賃金は上げられるはずです。

しかし、それがなぜできないのでしょう？

こうした問題に本気で取り組まない経営者ほど、ピカピカのベンツに乗っています。「給料が上がらなくて結婚を考えられません」と言っている従業員の声は聞かず、自分の子どもは高額な塾に通わせています。労働者からクレームが出れば「だってしょうがないじゃない」と言い、真剣になるのは税金対策ばかり。

「社会システムがバックアップしないから経営者が苦しんでいる」。もしそれが本当なら、叫び声を上げているのは労働者でなく経営者のはずです。しかし実情は、自分勝手な経営者がいて、労働者に対して無理難題を押し付けているように、どうしても見えてしまいます。

これからは、人を殺す会社に人は誰も入りたがりません。「経営者のために仕事をしろ」という会社にも、誰も入りたがりません。

働く人の「ワーク・ライフ・バランス」を尊重し、フィジカルやメンタルを含めて〝幸せに働ける環境づくり〟を提案している会社だけが、生き残って行くと断言できます。これまで社内で秘められていた声なき声は、もう隠し通せる時代じゃありません。

厚生労働省は健康障害のリスクという観点から、労働時間の適正についての見解を示していて、時間外労働や休日労働が月45時間を超えると健康障害のリスクが徐々に高まると指摘しています。

残業や休日労働などの時間外労働が月１００時間を超える、もしくは2カ月から半年に及んで月間の平均時間外労働が80時間を超えると、脳や心臓疾患のリスクが急上昇すると警鐘を鳴らしています。

したがって「３６協定」は無視してはいけないのです。「３６協定」の上限の基準は最低限の基準です。目安に過ぎません。これさえ守らない企業の経営者は、倫理観がぶっ壊れているとしか言いようがないです。


私はこれまで転職者や求職者の声をヒアリングしてきたなかで、過労により異常な精神状態に陥ってしまう方々をたくさん見てきました。過労が原因で死を選んでしまう人の多くは遺書を残しません。

遺書を書くほどの意志もないうちに、帰宅途中にふらっと線路に飛び込んでしまう。睡眠時間もろくに取れず何も考えられない頭で、そこから逃げるように高いところから飛び降りてしまう。これが「過労死」の実態です。

自社の利益のために、法も破り、人が死んでも良いと思って働かせる会社は、存在する価値はありません。

今大丈夫だとしても、遅かれ早かれ衰退するか、社会から断罪されるかのどちらかです。

働く人をそんな状況にまで追い込んでしまう職場は「人間らしい真っ当な職場」とはとても言えません。労基法は〝守らない経営者〟がいるせいで、毎年のように改正され、どんどん厳しくなってきています。

ワーキングマザー採用に学ぶ、今変わるべき理由

弊社を設立したのは２０１５年。２０１５年といえばリモートワークなんて言葉はまだ当然、浸透しておらず、どこもバッキバキに残業をしていた時代でした。月70、80時間の残業なんて、どの大企業も当たり前にやっていた頃です。

かたや、仕事をしたくても条件が合わず、雇ってもらえない人が労働市場には溢れていました。育児中の女性です。

弊社ではその頃から育児中の女性をフラットな目線で採用するようにしていて、現在も育児中の女性は8割。別に、働きたくても働けない人だから、ボランティアでそうしていた訳ではありません。

ワーキングマザーは、家事や育児をこなしながら仕事をするので、時間感覚に優れていて、効率的に仕事をしてくれる優秀な人が多いというのがその理由です。

私は企業へも〝時短で働くママさん〟の斡旋に力を入れていました。しかし、企業にはなかなか受け入れてもらえなくて断られてばかり……。それでも諦めずに、採用担当者をこう説得して回りました。

「いま、御社では残業がどのくらい発生していますか？　通常17時が就業終了時間なのに、2時間、3時間と残業していて、それでも仕事が終わらない従業員が多くないですか？それは会社の生産性を下げていますよ。

弊社で紹介する人材は時短希望の人材ですが、規定の就業時間、たとえば15時や16時までには必ずその日の仕事を終えるという働き方をします。

なぜって？　就業後に我が子を保育園に迎えに行かないといけないからですよ。

夕方になってもママが来なければ、子どもは泣いてしまいます。家族の夕食の支度もしないといけない。
だから、規定の時間に仕事を終えるのは、会社のためというより家族のためです。その代わり、就業中はサボってなんかいられないので全力で働きます。優秀な社員になりますよ。この人たちを採らない手はないでしょう?」

そのうち、「確かにそうかもしれない」と納得して、時短のママさんを積極的に受け入れてくれる会社が一社、また一社と増えていきました。
その後は、世の中的にもワーキングマザーを受け入れる企業は増えて、2018年以降は、ワーキングマザーは女性の労働人口全体の約7割にのぼりました。

現在でも、ワーキングマザーやシングルファーザーなど、高生産性を発揮する環境下の人材を活用する企業は発展を続けているのです。

ちなみに2015年当時、弊社以外の多くの人材会社では「ねー誰かいい人いない?」という企業に、「紹介しますよ! その代わり手数料は50%支払ってくださいね」と言い、人材をバンバン紹介するというやり方をしていました。

しかし、それでは人は定着せずに辞めてしまう。企業からクレームを受ければ「すみません、いま人手不足で紹介がなかなか大変なんですよ。よかったら、２００万円の着手金を払っていただけたら、いい人を御社に優先的に紹介しますよ」といって、さらに人を紹介します。

大雑把な推薦による、焦りと目前の人手不足解消のためだけの採用です。

当然、活躍はおろか定着もしません。

企業は人材会社に着手金を払って、高額な年収で採用したわけですが、それでもいっこうに業績は良くならない。

「ねー君、こんなに年収を払っているのに働いてくれないじゃない。このままじゃクビだよ」とパワハラまがいのプレッシャーをかけ、再び人が辞める。既存社員の負担が増え、ストレスが増加し、さらに退職者が増える。先の見えない職場環境の中で、社員や役員のセクハラやパワハラが横行し、それがきっかけで訴訟や損害賠償に発展し、会社は大きな損失を被る。その穴埋めのために、また人材会社に着手金を支払って……という無限ループに陥っていました。

もし、そんなやり方を現在もまだ続けているのだとしたら、そろそろ終わりにしましょう。採用に本気になって、既存の社員達とも、もっと真剣に向き合わないといけないのです。

おわりに

世界的な電気自動車メーカー、テスラ社の創業者であるイーロン・マスク氏が、2022年、日本の出生率が過去最低となった報道を受けて、Twitterでこんな発言をしてマスコミの関心を集めました。

「出生率が死亡率を上回るような変化が起きない限り、日本はいずれ消滅するだろう。それは世界にとって重大な損失だ」

日本の消滅。衝撃的な言葉ですが、これは決して悪い冗談ではないのです。事実、日本は70年前に比べて2000万人も子どもの数が減り、年間およそ3万人が自殺で命を落としています。

その自殺者の約半数の1万5000人は、経済的な理由や雇用の問題で亡くなっています。1万5000人という死者数は、2011年3月11日に起きた東日本大震災と同じ死者数です。日本は実に、毎年あの規模の災害が起きているような状況です。

暗いことばかりを言いたくはないのですが、言わなければならないのは、危機感を持っていただきたいからです。

「いま変われない企業は一生変われない」

採用におけるこれまでの当たり前は、すでに時代遅れ。そこに気付いて、変われた会社からどんどん発展していけると断言できます。

目先の利益だけを追い求めるのではなく、来年、再来年とさらに激化する人材獲得戦争を勝ち抜くために、まずは強い危機感と問題意識を持って、そのための行動を開始してください。

「偉そうに」「そんな騒ぐ様なようじゃない」と思われる方もいるでしょう。

「うん、いいこと知った」「なんか人に教えたくなる話だね」と思い、読むだけ読んで行動に移さない方もいらっしゃるかと思います。

そうですね、考え方は人それぞれですものね。

「だから御社は採用ができない」

髙橋秀成　たかはし ひでなり

1979年11月30日東京生まれ。
高校を卒業し、フリーターを経て大手求人媒体社入社。
その後、求人広告代理店1期生として転職。
様々な経験を経て、直接雇用に携われる人材紹介会社へ転職。
2010年退職。2011年起業。
戦略系コンサルティングファームと共同で会社設立。
3年で譲渡。2015年、株式会社ディーセントワーク設立。
TV番組やラジオのレギュラー番組にも出演。
渋谷Bar　Olimオーナー。
DOSA（一般社団法人スポーツ能力発見協会）を通じてパラリンピアンに出資。
2022年北海道帯広市に移住。
https://decent-work.jp/

プロデュース：水野俊哉
装丁・本文デザイン：森田千秋（Q.design）
編集協力：山本櫻子

だから御社は採用ができない

2023年4月10日　初版第1刷発行

著　者　　髙橋秀成
発行元　　サンライズパブリッシング株式会社
〒150-0043
東京都渋谷区道玄坂1-12-1　渋谷マークシティW22階

発売元　　株式会社　飯塚書店
〒112-0002 東京都文京区小石川5-16-4
TEL03-3815-3805　FAX03-3815-3810
http://izbooks.co.jp

印刷・製本　恒信印刷株式会社

ISBN　978-4-7522-9001-8　C0030